Le Voyage Sacré

Swamini Krishnamrita Prana

Mata Amritanandamayi Center, P.O. Box 613,
San Ramon, CA 94583, États-Unis

Le Voyage Sacré
Swamini Krishnamrita Prana

Publié par :
Mata Amritanandamayi Center
P.O. Box 613
San Ramon, CA 94583
États-Unis

Sacred Journey (French)

En France :
www.ammafrance.org

En Inde :
inform@amritapuri.org
www.amritapuri.org

Je ne vois pas le futur
Et d'ailleurs, cela ne m'intéresse pas.
Mais j'ai devant les yeux
Une vision aussi claire que la vie :
Une fois encore, la Mère ancestrale s'est éveillée
Assise sur Son trône, plus jeune
Et plus glorieuse que jamais.
Que votre voix proclame sa gloire
Dans le monde entier
Et répande la paix et la bénédiction.

Swami Vivekananda

Table des Matières

Introduction

« Quand le regard a le pouvoir de pénétrer
sous la surface de l'existence,
alors la vie est pleine de joie. »

Amma

Il a longtemps suffi à mon bonheur de rester à l'arrière-plan dans l'entourage d'Amma, en simple spectatrice du jeu divin qui se déroulait devant mes yeux. Je ne comprenais pas tout ce qui se passait, et les traductions partielles qui me parvenaient me convenaient parfaitement.

« Il n'est pas dans ma nature de te courir après et d'être toujours sur tes talons comme le font beaucoup d'autres» , disais-je en moi-même à Amma. « A toi de me tirer si tu veux que je me rapproche de toi , car je n'arriverai jamais à pousser quelqu'un.»

« Ou vous vous battez pour être devant la foule qui se presse autour de moi», disait-elle souvent, «ou vous êtes dans le détachement et vous restez derrière. Mais ne restez pas entre les deux, à jeter de tous les côtés des regards jaloux » C'est ainsi que je me retrouvais bien souvent à l'arrière, satisfaite et détachée, jusqu'à ce qu'Amma me place auprès d'elle.

Nous nous faisons tous des illusions et des idées fausses

sur la vie spirituelle ; or, la réalité est bien souvent à l'opposé de ce que nous imaginions. C'est cela qui est intéressant. Les châteaux en Espagne que nous construisons s'effondrent avec fracas et nos illusions partent en fumée. La vie est rarement ce à quoi nous nous attendons. Jamais je n'avais pensé devenir écrivain, encore moins écrire sur la spiritualité et voilà que, par la grâce d'Amma, ce livre est né.

L'idée de l'écrire m'est venue à l'esprit pour la première fois en 2003. Amma était en train de discuter des affaires de l'ashram avec plusieurs personnes, et je me trouvais auprès d'elle. « Mes enfants,» dit-elle, « mieux vaut en être réduit à manger de l'herbe pour survivre que de renoncer à nos valeurs spirituelles. Nous avons le devoir de ne pas faire d'erreurs, car si quelqu'un chute en nous suivant, ceux qui sont derrière risquent de chuter eux aussi. »

Ces paroles me remplirent d'enthousiasme. Quelle source d'inspiration c'était pour moi ! Avec sa sincérité et sa volonté inébranlable de préserver les valeurs spirituelles , Amma avait touché le cœur de mon être. J'eus le sentiment que je devais partager ces moments précieux avec le reste du monde et surtout, que mon devoir était de faire connaître la sagesse d'Amma. Car cette sagesse n'est pas l'apanage de quelques privilégiés, elle est faite pour être transmise par nous tous, afin d'éclairer les ténèbres qui entourent notre vie.

Je ne prétends pas, loin de là, être le chercheur spirituel modèle, mais il se trouve que quelques efforts et un peu de sincérité dans ma quête ont suffi pour que la grâce d'Amma illumine ma vie. Simple voyageuse sur le chemin de cette quête sacrée, j'offre ce témoignage dans l'espoir qu'il en inspirera d'autres, les incitera à la dévotion afin que la gloire de la Mère divine se manifeste dans leur vie quotidienne.

Une seule goutte de Ton amour a suffi
Pour enflammer mon âme, la soif de Toi me brûle
C'est en vain que j'erre dans ce triste monde
En quête de Toi.

Rien n'a plus de sens.
La douce béatitude et la douleur, inséparables,
Agitent ma vie solitaire.
Dans mon cœur aride, Tu as planté une graine d'amour.
Elle grandit, s'épanouit et attend patiemment :
Quand viendras-Tu la cueillir ?

Le lotus de mon cœur
Cherche en Toi sa demeure.
Ne laisse pas cette fleur solitaire se flétrir
Dans l'attente de Toi.

Les poèmes qui se trouvent à la fin de chaque chapitre ont été écrits par Swamini Krishnamrita Prana en 1984.

Chapitre 1

L'enfance d'Amma

« Quand on voit Dieu en tout,
on est dans un état d'adoration permanente.
Quand on est établi dans l'expérience de l'Un
la vie entière devient un acte d'adoration,
une prière, un chant de louanges. »

Amma

Décrire Amma en quelques mots à quelqu'un qui ne l'a jamais rencontrée est un défi presque impossible à relever car elle est bien au-delà des mots. L'une des meilleures formules que j'aie jamais entendues est celle employée par le Dr. Jane Goodall lors de la remise du prix Gandhi-King pour la non-violence : « Un être qui est l'incarnation même de la bonté… l'amour de Dieu incarné dans un corps humain. » Elle ne pouvait rien dire de plus juste.

Dès sa naissance , il est apparu qu' Amma sortait de l'ordinaire. En venant au monde, elle n'a pas pleuré, ce qui a inquiété sa mère Damayanti Amma qui se demandait si l'enfant était vivant. Mais en examinant le nouveau-né elle fut frappée par le magnifique sourire de sa fille. Son teint était sombre, tirant un peu vers le bleu, et cela aussi inquiéta ses parents. Ils l'appelèrent Soudhamani, ce qui signifie « Joyau d'ambroisie », ce qu'elle était réellement.

Ses parents et les autres membres de sa famille étaient pieux et pratiquaient les rites traditionnels de la famille et du village ; mais ils ne pouvaient pas comprendre son comportement : à leurs yeux, elle n'était pas tout à fait normale. Amma passait son temps à répéter le nom sacré de Dieu et parfois, elle n'accordait aucune attention au monde extérieur. Jour et nuit, elle appelait Sri Krishna et le suppliait de se révéler à elle. L'enfant dansait de béatitude et composait déjà des chants dévotionnels d'une grande beauté. Il lui arrivait de tomber à terre, en extase. Ce comportement étrange les effrayait.

Le village d'Amma était peuplé de gens simples, des pêcheurs qui travaillaient dur. Dire qu'Amma est née dans la pauvreté, comme nous le comprenons souvent, pourrait donner lieu à des malentendus. Il s'agissait plutôt d'une vie très simple, avec très peu d'argent, dans un climat qui fournit une grande partie des besoins fondamentaux de la famille. Ce mode de vie ancestral est resté inchangé depuis des siècles. Mais dans cette vie rurale, de petits malheurs suffisent à créer une misère affreuse : les gens manquent de nourriture, de vêtements et de tout le nécessaire. Quand Amma, encore enfant, voyait la souffrance engendrée par la pauvreté, elle avait le sentiment qu'elle devait faire tout son possible pour aider ceux qui souffraient ainsi. Cela signifiait qu'elle puisait dans les ressources de sa famille et, par exemple, prenait de la nourriture ou de l'argent, pour les donner à ceux qui n'avaient rien. Aux yeux de ses parents, par ailleurs généreux, un tel comportement était insupportable et dément, et elle était sévèrement punie. Ils finirent par conclure qu'elle avait quelque chose qui ne tournait pas rond, et, en somme, qu'elle était un peu dérangée.

Elle abattait pourtant un travail énorme, et plus elle en faisait, plus on lui en donnait.

Damayanti Amma tomba malade et, à l'âge de neuf ans, Amma dut quitter l'école pour s'occuper de ses frères et sœurs. Comme elle comprenait vite et que sa mémoire était étonnante, c'est en les aidant à faire leurs devoirs qu'elle put continuer à apprendre un peu. Quand les enfants étaient petits, Damayanti Amma les réveillait tôt le matin pour qu'ils fassent leurs prières. Mais, alors que les autres espéraient que leur mère oublierait de se réveiller pour pouvoir eux aussi dormir un peu plus, Amma était heureuse de se lever d'un bond pour prier. Elle était la seule enfant à avoir une vraie dévotion.

Amma ne prenait pas une seule respiration sans penser à Dieu. Jour et nuit, elle s'efforçait de garder le souvenir de Dieu en répétant Son nom et en visualisant dans son cœur Sa forme si précieuse. Elle ne faisait pas un pas sans répéter le nom du Seigneur. Si elle oubliait, elle faisait un pas en arrière et avançait de nouveau en répétant le mantra. Quand elle s'amusait à plonger, elle faisait le vœu de répéter un certain nombre de fois le nom du Seigneur avant de remonter à la surface pour respirer. Elle se consacrait entièrement à son but : garder le souvenir constant du Seigneur. A l'âge de six ou sept ans, elle s'interrogeait déjà sur le sens de la vie. Certains ne se posent la question qu'à la fin de leur vie, après avoir passé toute leur existence à chercher le bonheur dans le monde. Mais tandis que les autres enfants jouaient, la petite Soudhamani se demandait pourquoi il y avait tant de souffrance dans le monde.

Elle faisait le tour des maisons du village et récoltait des épluchures de légumes et des restes de gruau de riz pour nourrir les vaches appartenant à sa famille. Au cours de ces tournées, elle voyait des malades et des vieillards qui vivaient dans certaines

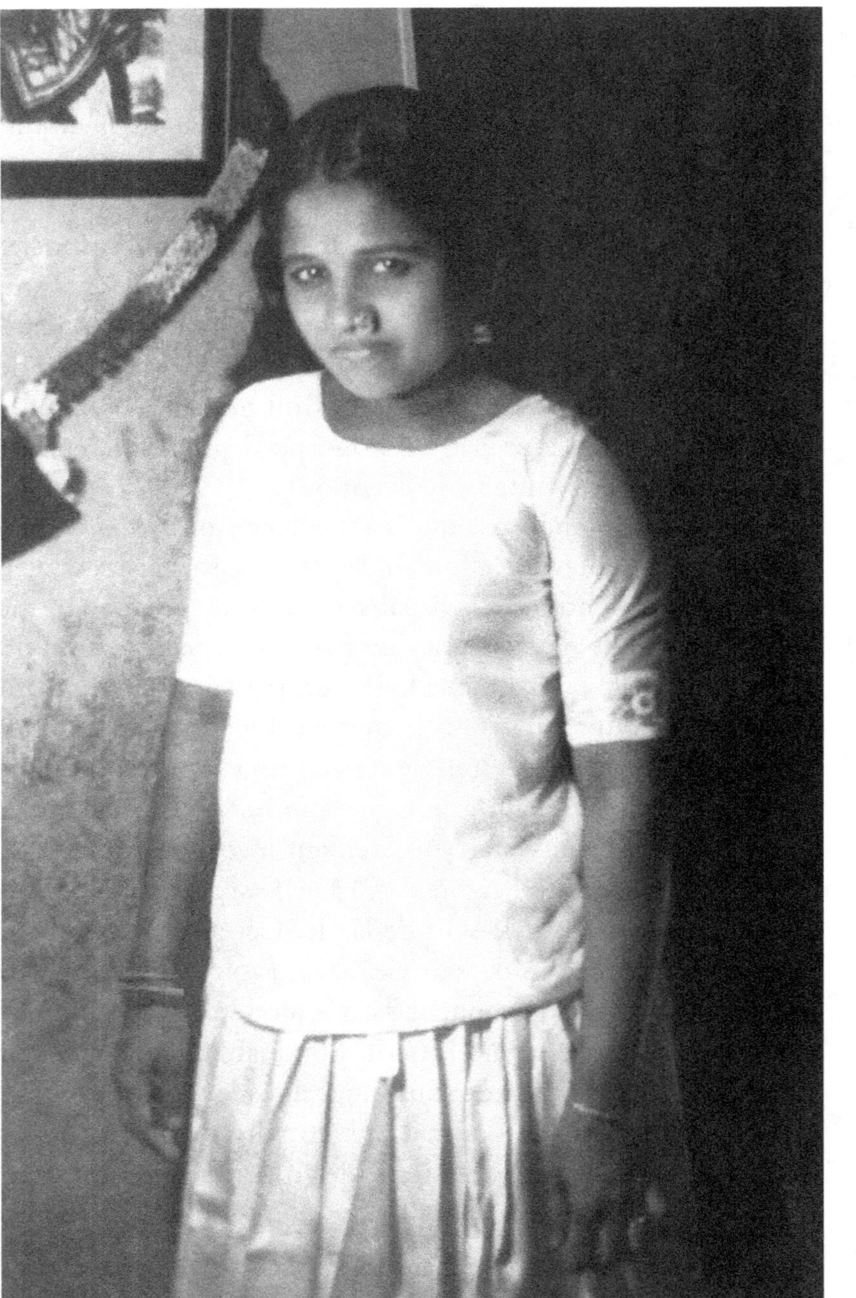

de ces maisons et elle se rendait compte que leurs enfants ne s'occupaient pas bien d'eux.

Ils lui racontaient qu'autrefois, leurs enfants les vénéraient, faisaient pour eux des voeux de longue vie et de bonne santé, et promettaient de s'occuper d'eux quand ils seraient vieux. Mais ensuite, pris par leur propre vie, ils avaient oublié leur promesse et abandonné leurs parents à eux-mêmes, quand ils ne les maltraitaient pas. Amma, qui n'était alors qu'une petite fille, conduisait ces vieillards chez elle, leur donnait un bain chaud, lavait leurs vêtements dans l'étang de la famille et les nourrissait avant de les ramener chez eux. Quand ses parents la voyaient, elle était sévèrement réprimandée ou même battue. Mais aucune parole, aucune punition ne l'arrêta jamais, tant son cœur compatissant était touché par la souffrance d'autrui.

Le village était pauvre et beaucoup de villageois malades ou indigents. En voyant leurs problèmes et leurs difficultés, Amma réfléchissait et s'interrogeait sur le sens de la vie. Elle dit même qu'elle voulait sauter dans le feu pour mettre fin à ses jours, tant la souffrance qu'elle voyait partout lui était intolérable. Comme elle en appelait sans cesse à Dieu, et demandait le pourquoi de tous ces malheurs, une voix intérieure finit par lui révéler que la cause en était le *karma*, c'est-à-dire des actions injustes qu'ils avaient accomplies dans cette vie ou dans des vies antérieures. C'était le résultat de ces actions qui leur revenait sous forme de souffrance. Mais si leur destinée (*karma*) était de souffrir, Amma sentait que son devoir était d'essayer de soulager leurs souffrances. Si, en marchant, nous voyons quelqu'un qui est tombé dans un fossé, nous ne pouvons pas passer notre chemin en disant qu'après tout, c'est son *karma*. Nous devons lui tendre une main secourable et l'aider à en sortir, tel est notre devoir. Depuis cette révélation, Amma s'efforce de soulager la souffrance des êtres humains et de les réconforter.

Comme elle avait une voix mélodieuse et composait ses propres chants dévotionnels, les gens l'invitaient à chanter des *bhajans* dans leur maison. Or, dans cette région côtière, chaque maison avait son propre livre de *bhajans*.

Quand elle était invitée pour les *bhajans*, si elle trouvait dans le livre de la maison un chant qu'elle aimait, elle le chantait aussitôt. Et les gens constataient ensuite qu'il manquait une page à leur livre de *bhajans* : elle l'avait arrachée et emportée. Parfois même c'était le livre entier qui manquait ! Sa famille redoutait le scandale : que diraient les voisins s'ils découvraient la perte de la page ou du livre. Ils étaient très contrariés et lui demandaient toujours pourquoi elle faisait cela, mais elle ne disait jamais rien. La réponse ne vint que bien des années plus tard quand elle expliqua qu'il est traditionnel d'offrir quelque chose à un *mahatma* qui vient prier dans la maison. Comme elle ne pouvait rien dire alors à ces familles, puisque à leurs yeux, elle n'était qu'une simple villageoise, par compassion, pour leur éviter de commettre une faute en ne lui offrant rien, elle prenait simplement une page de leur livre de *bhajans*.

Sa sœur aînée raconte que les autres enfants la traitaient souvent de « folle ». Tantôt elle soulevait quelque chose de très lourd et disait : « Mais c'est léger ! » Tantôt elle faisait quelque chose de très difficile et disait : « C'est très facile ! » Elle semblait ainsi parler à l'envers du bon sens, ce qui agaçait profondément ses frères et sœurs. C'est seulement plus tard qu'ils comprirent qu'elle essayait de leur expliquer qu'elle ne percevait pas les choses comme eux. Elle tentait de donner des indices de sa nature divine, qu'ils étaient, à l'époque, bien incapables de comprendre.

Un jour que les quatre sœurs étaient assises sous un arbre et qu'Amma chantait un *bhajan*, elle dit tranquillement : « Aujourd'hui nous pouvons passer un moment assises ensemble. Un jour viendra où vous devrez faire la queue pour me voir. » Elles pensèrent toutes : « Ben voyons ! Mais pour qui elle se prend… ça va vraiment pas, la tête! »

De nombreux incidents donnèrent des indices de sa grandeur. Par exemple, cette fois où elle alla avec ses soeurs visiter un temple dans une ville voisine. Elles arrivèrent juste à temps pour l'*arati* (offrande du feu) du soir. Les portes du sanctuaire étaient presque complètement fermées mais les filles pouvaient voir ce qui qui s'y passait par l'entrebâillement de la porte. Le prêtre (*pujari*) était en train d'accomplir le culte de la déesse du temple. Au moment de l'*arati*, il voulut jeter des fleurs aux pieds de l'idole, mais elles refusaient d'aller dans la bonne direction et tombaient toujours un peu plus loin, dans la mauvaise direction. Le prêtre était stupéfait et ne savait que faire.

Amma se tenait au milieu du groupe, derrière sa sœur aînée et devant sa sœur cadette. Soudain, le prêtre se lève, prend le plateau de fleurs, la lampe d'*arati*, une guirlande et sort du sanctuaire. Il va directement vers elle, pose les fleurs à ses pieds, lui met la guirlande autour du cou et lui offre l'*arati*. Amma s'appuya contre le mur, les yeux mis-clos. Puis elle bénit le prêtre en lui touchant la tête avant de quitter le temple avec ses sœurs.

Les témoins de la scène furent très choqués. Jamais ils n'avaient rien vu de pareil : un prêtre qui vénérait une jeune villageoise au lieu d'adorer l'idole du temple. Ses sœurs aussi étaient très surprises mais elles ne s'étonnaient plus de voir des événements inimaginables se produire autour de leur sœur.

Amma accomplissait du matin au soir une quantité de travail extraordinaire. Mais son travail harassant ne l'empêchait jamais de rester concentrée sur Dieu. Une des tâches confiées aux enfants était de s'occuper des vaches et d'aller couper de l'herbe pour les nourrir. Toute une bande de filles partaient ensemble. Elles mettaient en général deux heures pour faire le travail. Dès qu'elles trouvaient de l'herbe, elles commençaient à couper. Mais Amma allait dans un coin retiré et s'asseyait les yeux fermés pour méditer. Les autres ne se rendaient pas compte qu'elle méditait et pensaient qu'elle se reposait.

Pendant une heure et demie, elles remplissaient de grands paniers d'herbe coupée. Amma se levait soudain, prenait une faucille et coupait sans relâche. Elle remplissait ainsi cinq paniers en vingt minutes quand les autres mettaient deux heures à en remplir trois. Sur le chemin du retour, les filles se disputaient avec elle et l'accusaient de leur prendre de l'herbe. Elles étaient convaincues qu'Amma les volait ; comment aurait-elle pu, sinon, accumuler tant d'herbe en si peu de temps ? Elles mettaient des brindilles sèches au fond de leurs paniers avant de les recouvrir d'herbe. Elles aussi pouvaient ainsi remplir cinq paniers !

Amma travaillait aussi dur qu'une servante et elle était traitée comme telle. On la punissait souvent pour ses bonnes actions, mais ceux qu'elle aidait ignoraient tout ce qu'il lui fallait endurer pour cela. Elle supportait tout en silence et appelait Krishna de tout son cœur et de toute son âme. Cette soif intense de Dieu effaçait la souffrance de toute la journée. Plus elle souffrait, plus elle se tournait vers Dieu avec dévotion.

Oh Krishna
J'entends Ta flûte qui doucement m'appelle…
Tout quitter à l'instant
et partir en quête de Toi
tel est le désir de mon cœur,
mais quand j'essaie de m'approcher
hélas ! je découvre
que les lourdes chaînes du monde
m'entravent les pieds
et ne me laissent pas partir.
Seul mon esprit douloureux
est libre de Te chercher.
J'ai eu mon comptant des chagrins de ce monde.
Il s'efforce de m'en servir une autre portion,
mais je ne peux plus toucher à ce poison.
Krishna, laisse-moi mourir ici, seule,
brûlant du désir intense de Te voir.

Chapitre 2

Le chemin vers Amma

« Quand le cœur est habité
par la foi en un pouvoir suprême,
la vie devient plénitude.
Tant qu'il n'en est pas ainsi,
nous cherchons sans cesse à combler le manque. »
Amma

Quand j'étais petite, je passais les vacances scolaires dans la ferme de mon père. Nous étions trois enfants et nous aimions participer au débroussaillage du terrain car c'était une bonne occasion de s'amuser.

J'ai gardé le souvenir très vif d'une expérience que j'ai eue à l'âge de sept ou huit ans. Je me suis baissée pour ramasser quelques grains de sable et les regarder en détail : ils brillaient sous le soleil comme des diamants. J'en suis restée émerveillée : j'avais découvert « le secret de l'univers ».

Quelle beauté dans ces petits grains de sable ! Tant de splendeur dans une minuscule poussière ! Et l'univers entier constitué de particules semblables... Oui, je le sentais, c'était là « le secret de l'univers » : tout, partout, était fait de cette même beauté. C'est parce que tout est entremêlé que nous ne nous en apercevons pas. Cette révélation profonde est demeurée en moi et je ne l'oublierai jamais. Les yeux innocents d'un enfant peuvent voir les merveilles de l'univers.

Après l'école, j'ai travaillé en tant que secrétaire et réceptionniste pour un chirurgien esthétique. C'était un travail intéressant qui m'a beaucoup appris sur la nature du monde. Ce chirurgien était spécialiste de la main. Il remplaçait les articulations de malades atteints d'arthrite rhumatismale. Il faisait aussi beaucoup de chirurgie esthétique. Les deux premières années, il avait environ trois opérations par jour. Peu à peu, il s'est mis à en faire quatre, cinq et même six. Il me semblait qu'il essayait de gagner plus d'argent pour mener une vie luxueuse. Le nombre des infections parmi ses malades augmentait, sans doute parce qu'il consacrait moins de temps à chacun d'eux. Je perdis alors toutes mes illusions. Je sentais bien que la vie ne consistait pas à gagner de l'argent pour vivre dans le luxe et je ne voulais pas « vendre mon âme » pour le salaire que je recevais chaque semaine. Il me semblait qu'il y avait autre chose dans la vie. Je ne savais pas très bien quoi, mais j'étais décidée à essayer de le découvrir. A dix-huit ans, je quittai ce poste.

Je décidai de voyager, de rechercher le sens de la vie. Pendant huit mois, je parcourus l'Asie. Au cours de mon voyage, je rencontrai des gens qui, tout en ne possédant presque rien, semblaient plus en paix que la plupart des Occidentaux, malgré tout le confort dont ils disposent, et cela m'intriguait. A force d'en chercher la raison, j'ai fini par comprendre : quelle que soit leur religion, c'était la foi en Dieu et la pratique religieuse qui leur procurait cette paix intérieure.

L'Inde fut le dernier pays que je visitai. La plupart des gens que je rencontrais étaient pauvres et matériellement démunis mais heureux. Il me semblait que leur dévotion, quelle que soit la forme de Dieu qu'ils vénéraient, unissait tous les membres de la famille et leur apportait la joie.

Dans mon enfance, j'entendais les gens discuter de l'existence de Dieu. Que devais-je croire? Je ne le savais pas, ne connaissant personne qui en ait fait l'expérience. Adolescente, faute d'avoir une véritable relation personnelle avec Dieu, je m'étais détournée de la religion, qui me paraissait sans vie. C'est quand je suis entrée en contact avec la religion enseignée dans la tradition hindoue que le but de la vie m'est de nouveau apparu. Le service désintéressé, la discipline, le fait d'avoir à cultiver un certain nombre de vertus et de bonnes habitudes faisaient de la vie un défi et une joie, lui donnaient tout son sens.

Après ce voyage en Inde et ma découverte de la philosophie hindouiste, j'eus le sentiment d'avoir trouvé la réponse à la question du sens de la vie. Il y avait là une «science» qui décrivait avec logique le fonctionnement des émotions, de l'esprit et de ses facultés. Ainsi la religion devenait très facile à comprendre. La notion de dévotion et l'idée d'un Dieu avec lequel on pouvait développer une relation personnelle, tout cela me parlait.

En fin de compte, je suis rentrée en Australie et j'ai renoué avec quelques amis qui avaient été mes compagnons de voyage. Ils m'ont demandé si je souhaitais apprendre à méditer et m'ont invitée à participer à leur groupe de *satsang*. J'ai accepté avec enthousiasme. Et, comme le *satsang* était suivi d'un dîner, j'ai préparé des œufs farcis. J'étais très fière de mon idée mais elle n'eut pas auprès des autres le même succès : ils ne mangeaient pas d'œufs. Peu importait d'ailleurs, car je pris plaisir à écouter les enseignements spirituels. Cette nuit-là, je remportai chez moi quelque chose en plus de mon plat d'oeufs : toutes les questions que je me posais sur le sens de la vie avaient trouvé leur réponse dans les enseignements de l'hindouisme.

Pour la première fois de ma vie, tout ce que j'avais entendu me semblait parfaitement logique. Le *Sanatana Dharma* (Hindouisme) nous dit que Dieu est en chacun de nous, en vous et en moi, et que le but de l'existence humaine est de réaliser Dieu. Cet enseignement fit écho au plus profond de moi. Quelque chose en moi s'éveillait. Enfin j'avais la réponse que je cherchais, je comprenais le sens de la vie. Je me souviens encore qu'en rentrant du *satsang,* il me semblait que toute la nature exultait : le coucher de soleil était magnifique, les feuilles des arbres dansaient de béatitude et les oiseaux chantaient dans les cieux.

Peu de temps après, je suis retournée dans un ashram au nord de l'Inde. J'y étais depuis six mois quand j'entendis parler d'Amma. Je vins la voir et il ne me fallut pas longtemps pour savoir que je voulais vivre auprès d'elle. Elle serait mon guide spirituel et le gourou qui allait m'enseigner sa discipline, voilà ce que je voulais.

J'arrivai à son ashram en 1982. L'institution d'où je venais était vaste et bien développée. Des milliers de gens venus du monde entier y vivaient. Ce fut une profonde et merveilleuse surprise de me retrouver dans le petit ashram d'Amma, où il n'y avait que quatorze personnes dans quelques huttes en palmes de cocotier! Dès mon arrivée, j'entrai dans la hutte où Amma était assise. A ma vue, elle se leva aussitôt pour venir me prendre dans ses bras. De voir Amma manifester autant d'amour et de tendresse à une inconnue, quel choc ! Dans les ashrams où je m'étais rendue jusque là, on se prosternait de loin devant un gourou assis à bonne distance. On ne le touchait pas. Et voilà qu'ici, Amma manifestait par des caresses sa tendresse pour

ses dévots, même à ceux qui arrivaient pour la première fois, avec un amour et une compassion que je n'aurais jamais cru possibles.

J'avais déjà lu et entendu pas mal de choses au sujet des gourous. Dans mon esprit, ils étaient assis sur un trône, et les gens s'approchaient d'eux pour obtenir une bénédiction impersonnelle. J'avais même rencontré plusieurs maîtres spirituels. Certains, à leur manière, étaient impressionnants, mais tous paraissaient plutôt inaccessibles. Amma était complètement différente. Contrairement à la plupart d'entre eux, c'était une très belle jeune femme de vingt-neuf ans. Dès que j'entrai dans la pièce, elle me reçut avec la même familiarité que si j'étais son propre enfant. Je me disais: « Personne ne donne autant d'amour à une inconnue ! » J'ignorais alors que pour Amma, il n'y a pas d'inconnus. « En voilà une qui n'est pas comme les autres, elle est vraiment exceptionnelle ! » pensai-je.

Il me fallut environ trois semaines pour réaliser un tant soit peu combien Amma était extraordinaire. A force de l'observer, je compris peu à peu qu'elle était de nature divine. Elle n'était pas simplement une sainte comme je l'avais tout d'abord cru. Elle vivait dans un état de totale fusion avec Dieu, ivre de Dieu. Je l'ai vue entrer en *samadhi* puis, allongée sur le sable, rire et pleurer, complètement absorbée dans un amour incroyable, qui n'était pas de ce monde. Quand, pendant les *bhajans,* elle appelait Dieu, son amour était si réel, tangible… que je le sentais, au sens concret du mot, toucher mon âme tandis qu'elle perdait conscience de son corps et s'envolait vers un monde divin, où nous ne pouvions pas la suivre. Parfois son innocence enfantine lui donnait l'air d'une enfant. Elle était alors la meilleure amie et la compagne de jeux des dévots. Et, soudain, elle devenait leur Mère, leur gourou, leur guide.

Je conclus qu'Amma était un « être réalisé » … mais elle ne correspondait pas à l'idée que je me faisais d'un « être réalisé ». J'avais lu que certains gourous ne permettent même pas aux gens de leur toucher les pieds, de peur de perdre l'énergie qu'ils avaient acquise par leur *sadhana*. Et voilà qu'Amma, insoucieuse du risque, prenait dans ses bras comme un de ses proches toute personne qui venait à elle !

Elle adoptait parfois un comportement de folle et se désignait même comme telle. Elle mangeait à même le sol, passait des heures à jouer avec des enfants, comme si elle en était elle-même un, puis éclatait parfois d'un rire inextinguible. Pendant les *bhajans* ou quand elle donnait un *satsang*, il lui arrivait de s'arrêter au milieu d'une phrase. Ses yeux se renversaient et elle entrait en *samadhi*. Cette conduite sortait des normes, mais je savais sans l'ombre d'un doute qu'elle avait vu Dieu et pouvait me permettre d'établir une véritable relation avec Lui. Il me semblait que j'avais trouvé en elle un maître qui se situait sur un plan différent de tout ce que j'avais pu lire ou imaginer. Il était clair qu'Amma non seulement avait vu Dieu, mais qu'elle était en union avec le Divin.

Avant de la rencontrer, je me voyais me marier, avoir une famille, et j'avais toujours désiré voyager et voir le monde. Mais après cette rencontre, ces désirs ont tout simplement disparu. Telle était la réponse aux grandes questions que je me posais sur la vie. En Amma, j'avais trouvé non seulement le but et le sens de la vie, mais aussi un maître magnifique qui allait m'aider à vivre en accord avec les principes spirituels. J'avais écouté de grands enseignements et les avais vus pleinement incarnés en Amma. Je ne pouvais plus, je le savais, vivre comme tout le monde en Occident. Comment aurais-je pu faire comme si c'était là « la vraie vie » ? Je voulais passer le reste de ma vie à servir Amma.

Avant de Te trouver
Cette âme ignorante
Etait heureuse d'errer
dans le monde de l'illusion
Mais maintenant,
Une goutte d'amour venant
De Ton être compatissant
A éveillé dans mon cœur l'impatience
Il ne cherche qu'à T'aimer.
Mon esprit ne se languit que de
Te voir.
Tout le reste est devenu vain et inutile.

Le cœur brûlant,
J'erre dans ce monde de douleur
Aspirant à T'aimer.
Passent les jours, passent les années,
Que Tu es loin encore !
Plus douloureux en vérité
est cet amour insatisfait pour Toi,
Que la vie dans le monde de l'illusion.

Chapitre 3

Les débuts de l'ashram

« Celui qui médite sur les paroles et les actes d'Amma n'a pas besoin d'étudier les Ecritures. »

Amma

Avant la construction de l'ashram, nous n'avions que le strict nécessaire. Parfois, même la nourriture manquait et Amma allait mendier un peu de riz dans les maisons du voisinage pour nous donner à manger. Le confort était rudimentaire : une seule toilette et un seul robinet d'eau, mais nous faisions avec le peu que nous avions.

Nous étions logés à l'étroit. Au début, nous avions utilisé une pièce de la maison des parents d'Amma, mais très vite, nous avions envahi toute la maison. Il nous fallait souvent donner notre chambre aux visiteurs, car nous ne pouvions pas loger tout le monde. Un jour que la gent femininc de toute une famille était venue séjourner à l'ashram, Amma nous demanda, à ma compagne de chambre et à moi-même de leur céder notre place. Comme il n'y avait pas d'autre endroit, nous avons dormi tantôt dans la petite cuisine tantôt dehors sur le sable. La famille décida de rester un bon moment...

Deux mois passèrent. Jamais nous ne nous sommes

plaintes. Nous acceptions joyeusement de dormir n'importe où, car c'était à nos yeux un test d'Amma pour voir si nous étions détachées des circonstances extérieures. Quelqu'un finit par lui dire que nous n'avions toujours pas de lieu fixe pour dormir. Surprise, elle prit des dispositions pour que la famille soit logée ailleurs et notre chambre nous fut enfin rendue.

A l'époque, nous n'avions pas toujours de l'eau. Il fallait parfois creuser des trous dans le sol pour en avoir. L'eau montait lentement dans ces petits puits faits à la main où nous la récoltions pour nous laver et laver nos vêtements. Au départ, l'eau était assez claire, mais tôt ou tard, elle devenait saumâtre. Quand notre peau était trop irritée, nous savions qu'il était temps de creuser un nouveau trou.

Amma nous montrait souvent où creuser pour trouver de l'eau. Une nuit, elle dit en passant devant ma chambre : « Creusez un trou ici avant demain matin. » A ma grande surprise, elle désignait un endroit qui se trouvait juste devant ma porte. Jamais je n'aurais imaginé qu'on puisse trouver de l'eau là. Mais bien sûr, le lendemain matin, le trou avait été creusé et l'eau était montée du sol, formant un petit bassin. Nous avions donc notre provision d'eau pour quelques semaines. Amma savait comment nous approvisionner et fournissait toujours exactement ce dont nous avions besoin.

Elle a toujours eu une façon d'enseigner bien à elle. Quand quelqu'un avait fait une erreur et qu'elle voulait mettre l'accent sur un aspect de son enseignement, elle ne le réprimandait pas, et appliquait la punition à son propre corps. Son corps nous était si précieux que cela avait beaucoup plus d'effet qu'une réprimande. Un jour que l'un de nous avait mal agi, Amma se mit à se frapper la main avec une grande et lourde boîte en métal qui contenait de la poudre de lait. Quand les choses se furent un peu calmées, je pris un tissu humide et frais et le posai sur sa main pour apaiser la douleur. Elle me regarda faire en souriant. Et quand ce fut fini : « C'était l'autre main », chuchota-t-elle avec espièglerie.

Elle s'efforçait toujours d'enseigner par l'exemple. Une nuit - c'était il y a bien des années, alors que le temple était en construction - un *brahmachari* la surprit sur le chantier. Elle marchait au clair de lune et se baissait de temps à autre pour ramasser quelque chose. Le *darshan* avait duré longtemps le jour précédent, et voilà comment elle se reposait !

Il alla la trouver : « Amma que fais-tu ? Tu ferais mieux de te reposer. » - « Mon enfant, » répondit-elle, « Amma ramasse ces clous rouillés. » Mais le brahmachari : « Pourquoi si tard ? C'est l'heure de dormir ! » Amma dit : « Beaucoup de pauvres viennent dans cet ashram. Et si un père de famille se rentre un clou dans le pied, et que la blessure s'infecte, que se passe-t-il ? Il va à l'hôpital. Et qui nourrit sa famille ? Et puis, nous pouvons redresser ces clous rouillés et les réutiliser pour la construction du temple, ou les vendre au poids, c'est du vieux métal. »

Le *brahmachari* se tut, stupéfait, méditant sur la sagesse, l'amour universel et l'énergie inépuisable d'Amma. Elle avait passé la journée à écouter les problèmes des gens, à les réconforter et à les conseiller, et elle se préoccupait encore de prévenir les risques de blessure lors de leur visite à l'ashram.

Un jour, en déjeunant avec les résidents, elle renversa son verre de petit lait. Je me précipitai pour aller chercher un chiffon, mais elle m'arrêta et se mit à boire à même le sol. Deux Occidentaux qui se trouvaient là en visite se regardèrent, choqués. Ils quittèrent l'ashram peu après ; apparemment, la leçon allait trop loin pour eux.

Autrefois, outre le *darshan* quotidien et les *bhajans*, Amma donnait le *bhava darshan* trois fois par semaine. Elle a cessé de donner le Krishna *Bhava* en 1984, mais il lui arrive encore de donner le Dévi *bhava*. Au sujet de ces *darshans*, Amma a déclaré un jour : « Toutes les divinités du panthéon hindou, qui représentent les innombrables aspects de l'Etre suprême unique, sont présentes à l'intérieur de nous. Celui qui possède la Puissance divine peut manifester à volonté n'importe lequel d'entre eux pour le bien du monde. Le Krishna *bhava* est la manifestation de l'aspect de l'Etre pur et le Dévi *bhava* est la manifestation de l'Eternel féminin, de la Créatrice, du principe actif de l'Absolu impersonnel. Pourquoi un avocat porte-t-il une robe noire, pourquoi un policier porte-t-il un uniforme et une casquette ? Ce sont de simples outils, des moyens pour produire un certain effet. C'est ainsi qu'Amma porte les vêtements de Dévi pour renforcer la dévotion de ceux qui viennent au *darshan*. L'intention d'Amma est d'aider les gens à atteindre la vérité ultime. L'*atman*, le Soi qui est en moi, est aussi en vous. Si vous parvenez à réaliser le Principe indivisible qui est en vous, vous deviendrez Cela. »

Ces programmes de *bhava darshan* commençaient en fin d'après-midi avec les *bhajans*, suivis par le Krishna *Bhava*. Elle recevait les dévots un par un, revêtue du costume de Krishna et manifestant Son être divin. Ce *darshan* durait jusqu'à près de minuit, Amma distribuant à tous le *prasad* et la bénédiction de Krishna. Puis, sous l'aspect de Dévi, Amma étreignait à nouveau tous les dévots, ce qui durait en général jusqu'à l'aube.

A peine restait-il une heure ou deux, et encore pas toujours, pour se reposer avant d'aller chanter des *bhajans* et faire des *pujas* dans les maisons des dévots, quelque part dans le Kérala. Nous y passions souvent la nuit et rentrions à l'ashram le jour suivant, juste à temps pour le début d'un autre *bhava darshan*.

J'étais depuis peu de temps à l'ashram quand Amma me demanda de la servir pendant les *bhava darshans*. C'était pour moi un grand honneur et un grand plaisir, mais c'était aussi très difficile car je ne comprenais pas le malayalam. Il me fallait souvent deviner ce qu'elle demandait et elle me taquinait toujours, disant qu'il suffisait qu' elle demande quelque chose pour que je fasse le contraire.

A l'époque, Amma ne gardait jamais rien pour elle-même pendant les *bhavas darshan*. Elle ne faisait rien d'autre que de donner. Elle ne levait même pas le bras pour s'essuyer le visage ou pour boire, et nous enseignait ainsi la nature complètement altruiste de la Mère divine. Aujourd'hui encore, quand on lui offre quelque chose à boire ou à manger, Amma ne consomme jamais tout. Elle en laisse toujours, comme pour nous apprendre à ne jamais tout garder pour nous-mêmes, mais à offrir quelque chose en retour à la création.

Pour être fidèle à la tradition selon laquelle Krishna aimait beaucoup les produits laitiers, un dévot apportait toujours une cruche de lait pour Amma pendant le Krishna *bhava*. Elle ne buvait pas elle-même, mais laissait le dévot lui verser un peu de lait dans la bouche. A la fin du Krishna *bhava*, elle distribuait le lait qui restait aux dévots présents dans le *kalari* et leur versait elle-même ce *prasad* dans la bouche.

Un soir, en lui donnant un jus de fruits, je heurtai par mégarde le bord du verre contre ses dents. Je m'en voulais terriblement de ma distraction. Les heures passèrent. A la fin du Krishna *Bhava*, le dévot offrit du lait à Krishna – Amma, et la distribution commença. Quand mon tour arriva, elle eut un sourire taquin et me cogna le récipient contre les dents, au lieu de me verser le lait dans la bouche. Sous le coup de la surprise, mon inattention me revint en mémoire. Ainsi se grava dans mon esprit la nécessité d'agir toujours auprès d'elle avec soin et concentration. *Shraddha*, la vigilance, et la plus grande concentration sont absolument essentielles dans la recherche spirituelle. Amma, à sa manière inimitable, me rappelait ce principe si important.

Pendant le Dévi *bhava*, c'est à moi qu'il incombait d'essuyer son visage. Son corps ne transpirait pas, mais la sueur perlait parfois sur son visage. Le *kalari* n'avait pas de fenêtres, il était toujours plein à craquer et il y faisait très chaud.

Amma appréciait qu'on lui essuie souvent le visage : je guettais le bon moment pour le faire. Je tremblais à l'idée de passer une serviette sur le visage de la Mère divine, mais il le fallait.

A l'époque, Amma m'apparaissait souvent en rêve sous la forme de Dévi et me regardait fixement comme pour me dire : « Qu'attends-tu pour m'essuyer le visage ? » Ces rêves avaient tant de réalité qu'il me semblait qu'Amma se trouvait vraiment avec moi dans la chambre. Je me réveillais parfois en sursaut et me levais pour chercher la serviette. Je me sentais très coupable de m'être couchée et de m'être endormie. Enfin, réalisant qu'il s'agissait d'un rêve, je m'excusais auprès d'Amma d'avoir dormi et finissais par me recoucher ; que pouvais-je faire d'autre ?

Parfois, une compagne de chambre me demandait ce qui se passait et voulait savoir pourquoi je m'étais levée au milieu de la nuit. J'ai rêvé ainsi une ou même plusieurs fois par semaine pendant des années ; puis les rêves ont cessé. Il me semblait qu'Amma essayait sans cesse de me rappeler que je dormais trop.

Une nuit, elle me proposa de dormir dans sa chambre. Pour nous donner l'occasion d'être proches d'elle, elle donnait parfois la permission aux quelques femmes qui vivaient à l'ashram de venir passer une nuit dans sa chambre. C'était une nuit spéciale, parce que c'était l'anniversaire de Krishna. Les *mahatmas* ne dorment jamais vraiment car ils sont toujours pleinement conscients, mais cette nuit-là, Amma finit par s'allonger pour se reposer sur le balcon de sa chambre et je m'étendis pour dormir à ses pieds.

Je tombai dans un profond sommeil et peu après, je fis un rêve étonnant : j'avais découvert un livre qui contenait tous les secrets de l'univers. Au bout d'un moment, je me retrouvai en train d'appeler à voix haute « Dévi », les mains jointes au-dessus de la tête en position de prière. Mes appels réveillèrent Amma qui pour m'apaiser, mit la main sur ma tête en disant : « *Mol*, (ma fille), *mol.* » J'étais terriblement gênée d'avoir dérangé le sommeil d'Amma, mais elle ne dit rien de plus. Nous nous sommes de nouveau allongées et je plongeai dans un autre rêve à propos de la déesse de l'univers.

Le lendemain matin, au réveil, je m'en allai discrètement, pour ne pas la déranger encore une fois. Plus tard dans la journée, quand elle descendit de sa chambre, je posai la question: « Amma, que s'est-il passé la nuit dernière ? » - « J'avais toujours cru que tu vénérais Krishna, et voilà que tu appelles Dévi dans ton sommeil !» me dit-elle. Je lui demandai s'il s'agissait d'un rêve ou d'une véritable expérience spirituelle. Elle me répondit : « En partie un rêve et en partie une expérience. C'est le début de la vraie dévotion. Le souffle d'un *mahatma* suffit pour que des expériences spirituelles se produisent. » Ainsi,c'était le souffle d'Amma qui avait provoqué cette expérience, je n'y étais pour rien.

Ces premières années auprès d'elle furent habitées par une joie incroyable. Tous les jours et toutes les nuits, ou presque, elle était en *samadhi*. Il nous suffisait de la contempler pour connaître la paix et la béatitude. Quand elle n'était pas perdue dans son amour pour Dieu, tout son temps se passait à manifester son amour pour ceux qui avaient la chance d'être auprès d'elle. Elle ne pouvait pas cacher cet amour ni le garder pour elle : il vibrait dans chacune de ses cellules et rayonnait par tous les pores de sa peau.

Ô Seigneur de compassion,
D'où Te vient donc ce nom,
Toi qui Te joues sans cesse
De mon cœur douloureux ?
Ta compassion m'est inconnue.
J'attends, le cœur brûlant d'amour
Espérant Ta miséricorde.

Combien de rivières de larmes dois-je pleurer ?
Combien de feux
Doivent dévorer mon cœur languissant ?
Est-ce ainsi que Tu t'es moqué des pauvres gopis
Et de Radha, qui autrefois T'aimèrent ?
Ignores-Tu la honte ?

Prends pitié de nos pauvres âmes
Délivre-nous de ce monde de souffrance.

Chapitre 4

La compassion du Guru

« Chaque goutte du sang d'Amma,
chaque particule de son énergie
est pour ses enfants.
Le but de ce corps
Et de toute la vie d'Amma
Est de servir ses enfants. »

Amma

Il n'y a pas d'amour plus grand que celui du gourou pour le disciple. Désintéressé et de nature divine, il est sans comparaison possible.

Notre mère biologique s'occupe de nous pendant quelques années ; et encore faut-il dire que, de nos jours, beaucoup ne le font pas. Mais l'amour d'Amma est totalement différent, incroyablement profond et vaste. Pour nous, elle est prête à n'importe quel sacrifice.

Amma est un maître totalement réalisé qui n'a pas de *karma* et n'a plus aucune obligation de revenir sur cette terre. Si elle le désirait, après avoir quitté son corps, elle pourrait demeurer à jamais dans l'état ultime de béatitude et de paix et ne plus jamais revenir dans ce monde de souffrance et d'ignorance.

Mais elle dit qu'elle est prête à revenir pour nous, pour nous libérer. Elle reviendra autant de fois qu'il le faudra pour nous mener jusqu'à la Réalisation. Dans tout l'univers, il ne peut exister d'amour plus grand. Cet amour qu'Amma éprouve pour nous est une vétitable bénédiction, et nous avons une chance merveilleuse de l'avoir rencontrée et d'en avoir fait l'expérience, au moins dans une certaine mesure.

Il était une fois un disciple qui vivait dans l'ashram de son gourou. Mais son esprit était encore plein de désirs. Son gourou lui donna dix ans pour se marier et vivre ses désirs. Dix ans plus tard, le disicple était marié, père de plusieurs enfants et menait une vie prospère. Son gourou vint le voir et lui rappela qu'il était temps de revenir à la vie spirituelle. Mais il objecta que ses enfants, encore jeunes, avaient besoin de lui. Avant de revenir à l'ashram, il voulait consacrer quelques années supplémentaires à leur éducation.

Dix ans passèrent encore. Le gourou revint voir son disciple. Cette fois, sa femme était morte et ses enfants adultes mais il déclara qu'ils n'étaient pas encore capables d'assumer leurs responsabilités et risquaient de dilapider sa fortune. Il lui fallait encore quelques années, le temps qu'ils acquièrent de la maturité.

Cette fois, le gourou laissa passer sept ans avant de revenir. Un grand chien gardait la barrière et le maître le reconnut : c'était le disciple, mort quelques années auparavant. Son attachement à sa fortune et à ses enfants l'avait contraint à renaître dans le corps d'un chien de garde. Le gourou s'agenouilla et appela le chien qui lui dit : « Maître, dans quelques années, je reviendrai vers toi. Mes enfants sont au sommet de leur fortune, ils ont des ennemis qui les jalousent et je dois les protéger avant de partir. »

Dix ans plus tard, le gourou revint. Le chien était mort et le gourou vit que cette fois, toujours par attachement, il était revenu sous la forme d'un serpent venimeux qui vivait sous le coffre-fort de la maison. Alors le gourou décida qu'il était temps de libérer le disciple de son illusion. Il dit à son petit-fils qu'un serpent venimeux se trouvait dans la maison et lui demanda de ne pas le tuer, mais de lui donner une bonne raclée et de le lui apporter ensuite. Ces instructions furent exécutées.

Le gourou ramassa le serpent tout meurtri, le caressa tendrement et le mit doucement autour de son cou. En rentrant à l'ashram, il lui parla avec amour : « Disciple bien-aimé, personne n'a jamais réussi à combler ses désirs en leur cédant. Il est impossible de satisfaire le mental. Notre seul refuge, c'est le discernement. Réveille-toi ! Ainsi, au moins dans ta prochaine naissance, tu pourras atteindre la réalité suprême. » A cet instant, le serpent se rappela sa naissance humaine et fut tout étonné : « Gurudev, comme Tu es bon ! J'ai été si ingrat! Tu m'as suivi et Tu T'es occupé de moi à tout instant ! Ô Gurudev, je m'abandonne à Tes pieds de lotus ! » Comme le gourou de l'histoire, Amma est prête à nous attendre pendant des vies, à venir nous chercher dans nos futures incarnations pour nous guider vers la libération. Elle incarne l'essence même de l'amour, qui jamais ne s'estompe, qui supporte tout, et qui peut attendre éternellement.

Elle seule sait réellement ce qu'est l'amour divin et jamais nous ne pourrons appréhender ce qu'est cet amour, au-delà de notre entendement, au-delà de tout ce que nous pouvons imaginer. Nous ne sommes pas prêts intérieurement à en faire l'expérience dans toute sa plénitude, nous ne pouvons en avoir qu'un aperçu, mais qui suffit à nous donner un avant-goût de sa parfaite pureté.

La famille d'une des jeunes filles résidant à l'ashram eut un jour la chance de faire la *pada puja* à la fin du Dévi *bhava*. Amma les savait très pauvres et se demandait comment ils avaient pu payer le long voyage en train. A la fin de la *pada puja*, lorsque la famille eut baigné avec amour les pieds d'Amma avec du yaourt, du ghee, du miel et de l'eau de rose, le père sortit une magnifique paire de bracelets de cheville en or et avec un respect infini, les mit autour de ses chevilles. Elle lui demanda comment il s'était procuré l'argent pour les acheter, mais la question resta sans réponse. Un de ses amis révéla plus tard qu'il avait emprunté l'argent du voyage et des bracelets à un taux très élevé, dans le seul but de satisfaire le désir de sa famille : vénérer les pieds d'Amma.

Amma dit avoir ressenti chez ces dévots, tandis qu'ils accomplissaient la *puja*, un abandon total. Ils effectuèrent cet acte d'adoration avec tant de dévotion et de sincérité que les larmes lui vinrent aux yeux, et qu'elle se sentit devenir de plus en plus petite jusqu'à littéralement entrer dans leurs cœurs. Elle ajouta que c'était là le fruit d'une attitude parfaitement pure. A ses yeux, la véritable signification de la *pada puja* est d'adorer la Vérité suprême manifestée dans la forme du gourou. En vénérant les pieds du maître, nous exprimons notre humilité et notre total abandon. Pour les membres de cette famille, c'était un grand bonheur d'avoir pu adorer les pieds d'Amma, même s'ils avaient dû s'endetter pour le faire. Amma éprouvait tant de compassion pour eux qu'elle demanda ensuite à quelqu'un d'essayer de trouver un moyen pour les aider financièrement à leur insu. On lui offre parfois des diamants et d'autres objets de valeur, mais le plus précieux des cadeaux à ses yeux, c'est un cœur pur.

Une jeune femme vint un jour se confier à moi pendant

une retraite en Australie. Ses joues ruisselaient de larmes. Elle me dit : « Swamini, il faut que je vous raconte ce qui vient d'arriver. Amma est vraiment merveilleuse, c'est incroyable ! Mais combien d'entre nous en ont conscience ? » Le matin, pendant le *darshan*, elle était allée voir Amma pour lui demander : « Amma, comment puis-je servir tes enfants ? » Amma, très heureuse de l'entendre poser une telle question, lui avait donné une pomme et de la cendre sacrée et dit de les apporter à une femme malade qui participait à cette retraite mais était obligée de garder la chambre. Elle lui avait aussi demandé de dire à la malade : « N'oublie pas qu'Amma est toujours avec toi. »

La jeune femme alla trouver la malade dans sa chambre et lui transmit le message d'Amma. Elle lui appliqua un peu de cendres sacrées sur le front, coupa la pomme pour elle et s'efforça de lui apporter tout le réconfort possible. Pendant tout ce temps, la malade restait silencieuse. Elle finit par dire qu'elle voulait rester un peu seule. Comme la jeune femme sortait de la pièce, elle la rappela et lui dit, les larmes aux yeux: « Voyez-vous, il y a très longtemps que je suis malade. Ce matin, j'en avais tellement assez que j'étais prête à me suicider. C'est à ce moment-là que vous êtes venue avec ce *prasad* d'Amma. Maintenant, je sais qu'elle m'aime et qu'elle pense à moi et je me sens la force de continuer à vivre. Je voulais simplement vous remercier. »

Nous cherchons par tous les moyens à échapper à la souffrance de la vie en ce monde, mais les voies que nous prenions pour de belles avenues sont en réalité des impasses. A force de chercher une issue que nous ne trouvons pas, nous sombrons dans le désespoir. Mais ceux qui ont eu la chance de découvrir Amma ont trouvé un refuge authentique, un abri qui ne s'effondre jamais et la compassion divine d'un *mahatma* vivant. Nombreux sont ceux qui, après avoir erré pendant des années dans le labyrinthe des illusions, sans savoir où déposer leur douleur, ont trouvé en elle la porte ouverte vers la liberté. Ils ont porté toute leur vie un fardeau de souffrance et voici que ce poids leur a enfin été ôté des épaules. Amma leur a donné la paix.

Les grands maîtres qui ont réalisé Dieu voient en tous les êtres l'essence de la beauté et du divin et reconnaissent en chacun une incarnation de Dieu. Leur vision du monde est celle d'un enfant innocent. Sans effort, ils perçoivent partout leur propre Soi. En Inde, Amma donne toujours le *darshan* a des milliers de gens. Même si, au cours d'un programme, ils sont plus de 90000, elle n'en voit pas moins le divin en chaque personne. Le darshan peut durer vingt quatre heures : elle répand infatigablement son amour divin sur tous, accordant à chacun le même amour et la même attention. Son propre corps souffre bien souvent et pourtant, elle ne pense qu'aux besoins et au confort des autres, jamais aux siens.

Lors du programme de Mangalore, en 2004, Amma s'est assise pour le programme et le *darshan* à six heures trente du soir. Le lendemain à quatre heures de l'après-midi, elle était encore en pleine activité. Non seulement elle donnait toujours le *darshan*, mais elle répondait aux questions, donnait des instructions, et voulait savoir si ceux qui faisaient la queue avaient mangé ou dormi.

La même année, à Jaipur, elle avait promis de se rendre dans la maison du gouverneur pour l'aider à distribuer de l'argent aux pauvres. Tous les lundis, pendant plusieurs heures, il reçoit entre huit cent et mille pauvres et leur donne à chacun mille roupies. Dans le jardin, à l'arrière de la maison, nous avons pu voir toute cette foule qui faisait patiemment la queue.

Le gouverneur était un homme charmant, d'un certain âge, en tenue de safari, et qui portait des tennis pour mieux se déplacer et servir. Il répétait sans cesse : « Amma, tu m'as montré la voie, tu m'as montré la voie. » Sa compassion nous a beaucoup touchés. Amma lui demanda les adresses de tous ces pauvres : elle allait essayer de les aider d'une manière ou d'une autre. Il objecta : « Mais Amma, il y a des centaines de milliers de pauvres comme ceux-ci. » Elle insista en disant qu'elle ferait ce qu'elle pourrait. Quel choc de voir rassemblés tous ces pauvres, ces malades, ces handicapés ! Amma a dit qu'en les voyant, elle avait été saisie de stupeur. Elle peut, dit-elle, voir un cadavre sans problème, mais tous ces gens vivants, plongés dans une telle souffrance, c'en était trop.

Une jeune femme avait tout le corps plâtré. Son mari et sa belle-famille l'avaient jetée dans un puits parce que la dot qu'elle leur avait donnée ne leur suffisait pas. D'autres étaient mutilés. Je n'ai pu retenir mes larmes quand ce fut le tour de deux petits enfants qui avaient été gravement brûlés. Le plus jeune avait trois ans. Il ne lui restait plus qu'une oreille et là où auraient dû se trouver ses yeux, deux ovales de chair. C'était à vous briser le cœur et cette vision restera à jamais gravée dans ma mémoire. Ils ont dit que la famille n'avait pas pu payer le loyer, et qu'on avait mis le feu à leur hutte. Amma a serré l'un des enfants dans ses bras et lui a demandé son nom. Il a répondu « Akash ». Quel spectacle attendrissant de le voir rire pendant qu'Amma étreignait doucement son corps déformé ! Nous étions étonnés qu'il puisse encore rire. Il égrenait avec ses doigts les *rudrakshas* du mala qu'Amma porte autour du cou. Le cœur serré, nous luttions tous pour retenir nos larmes.

Dans la voiture, nous parlions encore du destin tragique de ces enfants brûlés. Soudain, Amma nous dit la pensée qui lui était venue : on avait peut-être brûlé intentionnellement les enfants, pour attirer la sympathie et l'argent. Nous en avons eu l'estomac retourné. Comment peut-on atteindre un tel degré d'horreur dans la misère ? Amma déclare souvent dans ses discours que la pauvreté est notre plus grand ennemi, mais c'est ce jour-là que j'ai vraiment compris ce qu'elle veut dire. En février 2002, nous sommes allés dans le Goujarat, une région qui avait été dévastée par un tremblement de terre l'année précédente. Amma assistait à l'inauguration des trois villages que l'ashram avait reconstruits pour les victimes, en présence d'une foule de journalistes et d'envoyés spéciaux qui voulaient l'interviewer.

L'ashram avait entrepris de reconstruire ces trois villages parce que personne ne voulait s'en occuper. Ce fut la première organisation à terminer la reconstruction : 1200 maisons, bâties selon les meilleures techniques antisismiques, qui ont exigé plus de travail au niveau de l'infrastructure. D'autres organisations étaient venues et avaient fait un peu de travail de construction, mais la plupart étaient parties quand les coûts étaient devenus trop élevés ou le travail trop difficile. Les enfants d'Amma, eux, étaient restés, et avaient affronté avec courage tous les obstacles. Leur amour et leur dévouement leur avaient donné la force de surmonter les accès de malaria, la fièvre, l'épuisement, et de continuer à travailler malgré la pluie, la chaleur torride et d'innombrables difficultés que nous ne pouvons même pas imaginer.

L'amour et la compassion d'Amma pour l'humanité qui souffre leur a donné l'enthousiasme et le courage nécessaires pour bâtir les plus beaux villages du Goujarat, aujourd'hui donnés en exemple de l'excellent travail qui peut être accompli par

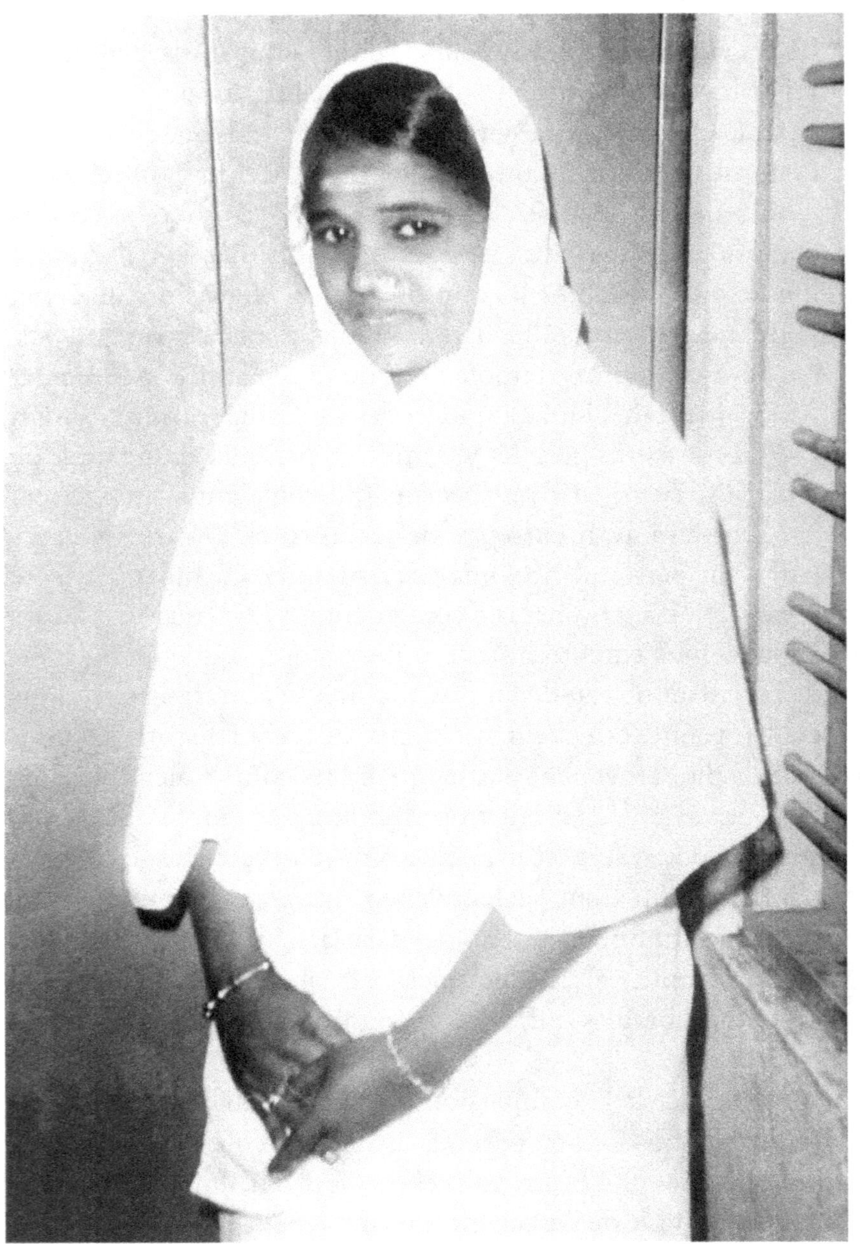

des individus dévoués. Ils constituent pour les fonctionnaires du gouvernement un modèle d'efficacité et d'initative dans la conduite d'un projet.

Après l'interview, un journaliste d'une des grandes stations de télévision nous a confié hors caméra de nombreux cas de corruption et de détournement de fonds qui s'étaient produits dans la région après le tremblement de terre. C'était à la fois triste et stupéfiant. Peu de gens ont touché les indemnités accordées par le gouvernement aux sinistrés. C'est ainsi qu'une femme à qui on avait alloué 2800 roupies a dû en donner 2000 à un ingénieur, pour de soi-disant travaux à faire dans sa maison. Mais elle doute fort qu'on fasse quelque chose pour elle. Quelle tristesse d'entendre le récit de toutes ces souffrances !

Le journaliste était impressionné de voir ce que les enfants d'Amma avaient fait avec leur dévouement inébranlable. Il voulait nous donner tous les dossiers de son enquête pour démasquer toute cette corruption et aider les pauvres. Avec beaucoup de réticence, Amma a accepté de prendre les dossiers mais je savais qu'elle ne s'en servirait pas. Elle préfère donner l'exemple plutôt que de dénoncer les erreurs des autres.

Ce jour-là, le *darshan* se déroulait dans un des nouveaux villages, qui comprenait 700 maisons. Quand Amma arriva pour le début du programme, les villageois affluèrent par milliers pour l'accueillir. Ils avaient décoré une simple carriole à cheval et voulaient qu'elle y monte en tant qu'invitée d'honneur. D'ordinaire, Amma n'accepterait pas une chose pareille, mais leur geste était si affectueux et innocent qu'elle sourit et accepta humblement leur requête. Elle monta dans la carriole et traversa la foule au milieu des ovations, parmi des millers de villageois qui criaient « Om Namah Sivaya » et « Om Amriteshwaryai Namaha ». Ainsi escortée vers le lieu du programme,

Amma gardait les mains jointes pour saluer tous ceux qui se trouvaient là.

Un des spectateurs m'a dit combien il avait été ému par le battement des tambours et les cris de joie des villageois. A l'arrivée de la carriole poussée par des centaines de mains, si grande était la majesté d'Amma qu'il crut voir apparaître Sri Krishna dans toute sa gloire sur le champ de bataille de *Kurukshetra*.

Il y eut de nombreux discours, prononcés par des personnages très haut placés dans le gouvernement et qui étaient venus en avion spécialement pour assister à cette inauguration. Mais ce qui était plus impressionnant que le message de félicitations envoyé par le Premier Ministre de l'Inde, c'était la fierté et la reconnaissance qui se lisaient sur les visages des villageois qui avaient reçu leur nouvelle maison. Plus qu'un logement, c'était la chance de commencer une nouvelle vie qui leur était donnée. Ils venaient au *darshan* les yeux brillants d'amour pour Amma et lui amenaient leurs bébés pour qu'elle les bénisse, tout à la joie de pouvoir offrir à leurs enfants un nouveau départ pour une vie heureuse.

Tout le monde n'a pas la chance de construire pour d'autres une maison neuve, un avenir nouveau, comme ceux qui travaillent dans les organisations d'Amma. Mais nous avons tous la possibilité d'ouvrir notre cœur et notre esprit à son amour, d'y puiser l'inspiration de faire quelque chose de bénéfique pour le monde.

Comme une rivière sans fin
La douceur s'écoule de Toi.
Ta grâce, pleine de béatitude,
N'est jamais à sec.
Un regard de ta forme enchanteresse
Et mon cœur aussitôt
Déborde de joie.
Tu remplis chaque fois
Ma tasse vide.
Boire sans cesse Ton nectar
Tel est mon seul désir.
Tu m'inspires un respect sacré
Tout le reste s'estompe et pâlit.
Quelle action méritoire ai-je donc accomplie
Pour recevoir ainsi Ta grâce en abondance ?
Je ne sais rien d'autre
Que de T'avoir aimé.

Chapitre 5

La vie d'Amma est son enseignement

« Amma ne fait aucune différence.
Elle sait que tout est le Soi.
Amma est venue pour le bien de tous les êtres,
Sa vie est dédiée au bien de tous les êtres. »
Amma

Toute action accomplie par Amma contient un enseignement et est une pure manifestation d'amour et de compassion envers tous. Sa vie est son message. C'est un texte sacré, un exemple incroyable de foi, de dévotion et de compassion envers tous. Si on la considère dans son ensemble, la vie d'Amma est certainement une des plus grandes révélations de la Vérité divine qui aient jamais été données à l'humanité.

Amma sait dire quelques mots en de nombreuses langues, mais ne parle couramment aucune autre langue que le malayalam. On vient des quatre coins du monde pour la voir et séjourner auprès d'elle. Certains ne savent pas un mot d'anglais et encore moins de malayalam, pourtant leur cœur est touché instantanément par sa présence. Il n'est pas nécessaire de comprendre un seul mot de ce qu'elle dit : son étreinte exprime tout. Car la langue qu'elle parle le mieux, c'est le langage du cœur.

Un seul de ses regards suffit pour pénétrer profondément dans le cœur d'une personne et changer complètement sa vie. Un simple regard. Dans une foule de vingt mille personnes, Amma peut faire un *sankalpa* pour que chacun se sente aimé d'elle. Et, quand elle regarde autour d'elle, chacun a effectivement le sentiment qu'elle l'a regardé et qu'elle l'aime. C'est parce qu'elle nous aime réellement tous, de l'amour pur qui naît du détachement. L'amour pur est l'essence même de son existence. L'amour d'une mère la pousse à tout faire pour ses enfants.

Lors du dernier tour que nous avons fait aux Etats-Unis, une petite fille est venue me demander : « Est-ce que je peux vous poser une question ? Quel est le tour de taille d'Amma ? » C'est une question difficile, ai-je pensé, comment vais-je répondre ? Puis elle s'est reprise: « Je veux dire son tour de poignet, parce que je veux lui acheter un bracelet. » Avec soulagement, car la question était en fait plus simple que je ne pensais, je lui dis : « Prends-en un avec un élastique, elle pourra le mettre. » Et la voilà partie chercher, tout heureuse, un bracelet pour Amma. Elle les regarda tous, un par un, et finit par en choisir un, que je venais de mettre en solde à cinquante cents, pour le vendre plus vite et m'en débarrasser, car ce n'était pas notre plus belle pièce de joaillerie !

La petite fille revint quelques minutes plus tard avec un bouquet de fleurs. Le bracelet rose faisait office d'élastique entourant la queue des fleurs ; c'était son cadeau pour Amma. Un peu horrifiée à l'idée de l'état du bracelet quand il atteindrait Amma, je lui suggérai de le prendre à part. Elle accepta mon conseil avec joie, et partit en courant. En moi-même, je pensai que cette petite fille était très mignone mais que le bracelet, en revanche, était vraiment affreux.

Dans la voiture, en rentrant après le *darshan*, j'ai vu

qu'Amma portait le bracelet rose. Sur sa peau sombre, il faisait bel effet.

Amma a porté ce bracelet pendant des jours et des jours. Beaucoup de gens venaient me trouver en disant : « Je veux acheter ce bracelet rose, à n'importe quel prix. » Cet objet dont personne ne voulait avait soudain pris de la valeur et passait de cinquante cents à « n'importe quel prix ». C'était l'amour innocent de cette petite fille qui avait rendu ce bracelet inestimable. C'était l'offrande de son cœur qu'Amma avait gracieusement acceptée.

Un soir, en Europe, alors qu'elle dirigeait l'*atma puja* devant une grande foule, Amma fit asseoir les petits enfants sur la scène avec elle pour la *puja*. Elle le fait parfois pour intéresser les enfants, et aussi pour qu'ils restent tranquilles et se conduisent bien. Ainsi, les adultes peuvent accomplir le rituel sans être dérangés par le bruit d'enfants agités qui perturbent leur concentration. Pendant la *puja*, Amma a donné un bonbon à chaque enfant. Elle a pris les papiers et en a fait de petits bateaux, et en a donné un à chacun.Vers la fin de la *puja*, une petite fille s'est mise doucement à pleurer parce que son bateau s'était cassé. Une fois la *puja* terminée, Amma a quitté la scène pour entrer dans la cabine qui sert de temple et se préparer pour le Dévi *Bhava*. Mais la première chose qu'elle dit fut : « Il faut que je fasse un autre bateau pour cette enfant. » Et elle ajouta que la petite fille avait manifesté une grande concentration et beaucoup de dévotion pendant la *puja* ce qui était rare chez un enfant. Voici comment l'amour fait d'Amma la servante de ses dévots. Tous les préparatifs pour le Dévi *Bhava* furent donc suspendus pendant quelques minutes, le temps qu'Amma fasse avec application un autre bateau en papier pour la petite fille.

Toutes ses actions sont enracinées dans l'amour, un amour

infini qui s'étend à toute l'humanité. Il nous est difficile de comprendre un tant soit peu le concept d'amour pur parce que notre amour est toujours associé à l'attachement, mêlé de préférences, d'exigences et de marchandages. Nous pouvons aimer certaines personnes, mais pas d'autres. Amma seule est capable d'aimer tous les êtres de manière égale et inconditionnelle.

C'est une vertu qu'elle donne à voir quotidiennement. Je me souviens du temps où Dattan le lépreux venait à l'ashram pour le *darshan*. Quand il a rencontré Amma, on ne le laissait même pas monter dans l'autobus, à cause de l'odeur répugnante qui émanait de ses plaies ouvertes. Par compassion, Amma appliquait la salive de sa langue sur les plaies qui suintaient car, dit-on, la salive d'un *mahatma* est un remède puissant. Tandis que les autres personnes n'éprouvaient que du dégoût envers lui, Amma seule était capable de lui manifester de l'amour et de la sollicitude. Son visage exprimait un amour maternel incroyable, comme s'il s'était agi de son enfant chéri.

Certains croient peut-être savoir aimer. Ils échangent des « Je t'aime » à longueur de journée. Mais si cet amour était réel, les mots seraient-ils nécessaires ? Quand le cœur est plein, il n'y a rien à dire, car l'amour vrai est au-delà des mots ; il s'exprime dans chacun de nos actes et déborde pour englober tous ceux qui nous entourent. C'est pourquoi tant de gens sont attirés par Amma : elle est l'essence du véritable amour. Libre à nous de chercher l'amour ailleurs, mais rien ne nous donnera jamais l'expérience de l'amour pur tel que nous le ressentons en présence d'Amma. Seul ce pur amour a la capacité de guérir les cœurs et de mettre fin à la souffrance.

Récemment, Amma a reçu lors d'un *darshan* de nombreuses familles qui avaient perdu un enfant dans l'incendie d'un jardin d'enfants à Kumbhakonam, au Tamil Nadu, en juin 2004. Quatre-vingt-quatorze enfants sont morts et les quelques survivants ont été gravement brûlés. Le cœur brisé de chagrin, les parents venaient au *darshan* en serrant les photos de leurs enfants morts. Certains en avaient même perdu deux.

Une des mères, inconsolable, pleurait dans les bras d'Amma. Elle avait perdu son fils. « Amma, donne-moi la chance de revoir mon enfant ! » disait-elle. « Amma, je l'ai mis au monde, j'ai enduré toute la souffrance et maintenant il est parti. Donne-moi la chance de revoir mon enfant ! » Amma l'a gardée contre elle pendant près de dix minutes, la laissant donner libre cours à son chagrin. Pendant tout ce temps, elle essuyait à la fois les larmes de cette femme et les siennes.

On a découvert qu'au moment de mourir, les enfants s'étaient tous serrés les uns contre les autres et se tenaient étroitement embrassés en leurs derniers instants. Spontanément, Amma serre chacun étroitement contre elle, parce qu'elle sait ce qui est nécessaire à ceux qui sont en proie à la peur et à la souffrance. L'amour s'écoule naturellement d'elle.

Le fond de son enseignement, c'est d'apprendre à aimer. C'est là certainement l'essentiel, et c'est ce que nous avons le moins compris. Il est beaucoup plus facile d'apprendre à méditer, à psalmodier des versets ou à faire du *seva*, qu'à aimer véritablement. Mais si nous n'apprenons pas cela, le reste est sans importance.

Il y a des années, j'essayais de parler avec Amma de *tapas* et de *vairagya*. Or elle ramenait sans cesse la conversation sur l'amour. Cela m'ennuyait un peu parce que je voulais discuter avec elle de choses « plus profondes ». Mais impossible de lui faire quitter le sujet de l'amour. Je finis par lui dire : « Mais je ne veux pas l'amour ! - Et quelle est ta raison de vivre ? », me répondit-elle. Il est clair que, de son point de vue, l'amour n'est pas seulement l'essence de la spiritualité, mais l'essence même de la vie.

Quelqu'un lui a un jour demandé pourquoi tant de gens fondent en larmes pendant le *darshan* et voici sa réponse : « L'amour est l'essence de tous les êtres humains. Quand l'amour les touche, la bonté qui est en eux est touchée et peut couler sous la forme de larmes. Ce qui est caché à l'intérieur de nous, c'est l'amour et la béatitude. Amma est le catalyseur qui les éveille. Les étreintes d'Amma ne sont pas purement physiques ; elles ont pour but d'atteindre l'âme. »

A Calcutta, un adolescent est venu voir Amma. Un de ses amis était tombé follement amoureux d'Amma et lui avait parlé d'elle ; il venait au *darshan* par curiosité. A peine avait-il posé la tête sur ses genoux qu'il se mit à pleurer. Surpris, il demanda : « Qu'est-ce qui m'arrive ? Pourquoi est-ce que je pleure ? - Mon enfant, quand tu rencontres ta vraie mère, l'amour qui est en toi s'exprime sous la forme de larmes. » lui a-t-elle répondu. Il comprenait maintenant l'amour que son ami portait à Amma.

A un journaliste qui lui demandait un jour pourquoi elle prend les gens dans ses bras, elle a répondu : « Les êtres humains naissent pour connaître l'amour pur, mais ils ne le rencontrent jamais. De la naissance à la mort, ils sont en quête de cet amour. C'est pour l'éveiller en eux qu'Amma établit un contact avec les gens et les prend dans ses bras. Dans le monde d'aujourd'hui, hommes et femmes ont besoin d'amour maternel, du tendre sentiment maternel, de l'énergie féminine. Le fait de recevoir cette énergie leur permettra de devenir indépendants et libres. La seule manière pour nous d'être libres, c'est de ressentir cet amour qui est en nous. Quand Amma étreint les gens, elle leur transmet aussi un peu de son énergie spirituelle, pour qu'ils s'éveillent à ce pur amour. »

Quels que soient les problèmes auxquels nous sommes confrontés, la foi en Dieu nous aide à les surmonter, assure-t-elle. Sa vie illustre cet enseignement à chaque instant ou presque ; un excellent exemple date des débuts du *bhava darshan.* Un soir, peu avant le début du *darshan,* le frère aîné d'Amma, qui était hostile à toutes ses activités spirituelles et tourmentait souvent les dévots qui venaient pour le *darshan*, cassa toutes les lampes à huile et versa l'huile qui restait dans le sable. Or ces lampes étaient la seule source de lumière. Que faire ? Certains dévots étaient en larmes, mais Amma leur demanda d'avoir confiance et d'aller chercher des coquillages sur la plage. Ils lui apportèrent les coquillages et elle leur dit d'y mettre des mèches et d'ajouter de l'eau pour remplacer l'huile. Puis elle fit allumer les mèches. Miraculeusement, ces lampes brûlèrent toute la nuit.

Amma nous enseigne le moyen de vivre heureux dans le monde, tout en affrontant hardiment les problèmes. Elle nous rappelle que, si la souffrance est partout, il existe un remède qui guérit tous les maux : la foi en Dieu, la foi dans le gourou. C'est comme un radeau qui nous permet de traverser l'océan de la souffrance. Il est impossible d'éviter les problèmes et notre destin est peut-être de souffrir, mais grâce à elle, nous apprenons à traverser les épreuves avec force et courage, à les utiliser pour grandir spirituellement. Selon elle, si nous n'avions pas de problèmes, nous ne pourrions pas grandir. Une foi bien enracinée nous apporte à la fois la paix et le contentement ; elle nous donne le courage de résister à toutes les tempêtes.

Au début de l'année 2004, Amma s'est rendue pour la première fois à Surat, dans le Gujarat. On ne sait jamais à quoi s'attendre quand Amma va dans une ville pour la première fois ; il y a toujours une part de suspense. Combien seront-ils ?

Les gens seront-ils calmes ou agités ? Au cours des ans, j'ai vu grossir la foule et les gens devenir de plus en plus impatients de rencontrer Amma, voire même désespérés. Ce fut le cas à Surat.

Le *darshan* se déroulait à deux pas de la maison où nous logions. D'une certaine manière, c'était pratique, mais quand Amma a voulu recevoir certaines personnalités pour un *darshan* privé, près de deux mille personnes sont arrivées. Impossible de maîtriser cette foule qui a fini par envahir la maison et bloquer les escaliers en refusant absolument de bouger. Les gens disaient qu'ils ne partiraient pas tant qu'ils n'auraient pas vu Amma et reçu son *darshan*.

Un des *brahmacharis* les retenait en haut de l'escalier tandis que nous étions tous coincés plus bas ou plus haut. Personne ne pouvait plus ni monter ni descendre. Les portes vitrées de la chambre d'Amma tremblaient et nous étions effrayés à l'idée qu'elles pouvaient se briser sous la poussée de la foule hystérique. Amma voulait donner le *darshan* mais tout le monde lui disait que la foule était explosive et que c'était trop dangereux.

Alors, assise sur le divan, elle a demandé un stylo et, prenant les paquets de *vibhuti* qui se trouvaient dans la chambre, posés sur le plateau, elle se mit à écrire avec application « Om Namah Shivaya, Om Namah Shivaya » sur chacun d'eux. Et tout en écrivant, elle paraissait être dans un autre monde. Il me semblait qu'ainsi, elle canalisait un peu de la tension ambiante et désamorçait la situation.

Mais l'attitude des gens qui bloquaient le passage ne changeait pas. Comme il se faisait tard, elle décida soudain de sortir et d'aller au programme. Quand elle apparut dans l'encadrement de la porte, nous étions tous inquiets à l'idée qu'elle risquait d'être écrasée ou blessée. Mais elle traversa la foule déchaînée et descendit les marches, en étreignant chacun au passage. Alors que d'autres s'étaient efforcés de repousser les gens, Amma les attirait dans ses bras. Ainsi, dans cette situation si difficile, c'est en ouvrant les bras qu'elle se frayait un passage. Je me trouvais juste derrière elle et je la vis, à mon grand étonnement, accepter la situation, attirer comme d'habitude les gens à elle, et les entourer d'amour. Elle est en cela bien différente de nous, gens ordinaires, dont la première réaction est le rejet.

La foule était brutale. Un des *brahmacharis*, parti en éclaireur, se trouva coincé dans la mêlée. En regardant autour de lui, il remarque que l'un des dévots porte un vêtement jaune semblable à son *dhoti*. Il baisse les yeux et voit effectivement son *dhoti* sur des jambes qui ne sont pas les siennes. Le *dhoti* lui avait été arraché dans le chaos absolu qui règnait.

Le temps d'arriver à la voiture, nous étions épuisés d'avoir bataillé avec la foule. Mais Amma a réussi à passer sans avoir à lutter, en prenant les gens dans ses bras au lieu de les repousser. Plus tard, quelqu'un lui a raconté que la foule avait été violente et agressive au point qu'on avait craint pour notre sécurité. Mais Amma ne voyait pas les choses de cette façon et elle dit, à notre grand étonnement : « En fait, c'était très beau de voir l'amour de ces gens. Beaucoup n'avaient encore jamais rencontré Amma et ils étaient prêts à attendre tout ce temps rien que pour l'apercevoir. Ils avaient vraiment beaucoup de dévotion. »

Swami Vivekananda a un jour déclaré : « La motivation juste, la sincérité et un amour infini conquièrent le monde, voilà ce que j'ai constaté au cours de mon existence insignifiante. » A sa manière inimitable, si simple et si humble, Amma est en train de devenir un des plus grands conquérants de ce monde. Elle ne brandit aucune épée, elle étreint le monde avec amour.

Je ne désire pas de grande faveur
Je souhaite simplement T'aimer toujours.
Je ne désire ni la libération, ni l'immortalité,
Tu peux donner cela à d'autres.
Je suis prête à renaître autant de fois qu'il le faut,
A endurer n'importe quelles souffrances
Si Tu promets
De demeurer toujours dans mon cœur
Et de m'apprendre à T'aimer.

Chapitre 6

L'attachement au Guru

« Ne pensez pas que vous êtes physiquement séparés d'Amma.
Cessez d'écouter votre mental
Et vous sentirez la présence d'Amma dans votre cœur.
Alors vous saurez qu'Amma ne vous a jamais oubliés,
Que vous avez toujours existé en elle
Et qu'il en sera ainsi pour l'éternité. »

Amma

Plusieurs fois par an, Amma prend l'avion et s'envole pour des contrées lointaines, laissant en Inde ses enfants qui ont le cœur bien lourd. Tandis qu'une partie du monde souffre de la séparation, une autre se réjouit de son arrivée. Les actes d'une âme réalisée ne sont jamais égoïstes et toujours bénéfiques au monde. En quittant ses enfants, Amma leur donne l'occasion de fortifier leur foi dans la souffrance de l'absence. Leur dévotion devient plus ferme et plus profonde grâce à cette absence qui certes, leur brise le cœur, mais les oblige aussi à la trouver à l'intérieur d'eux-mêmes.

En Occident, Amma arrive comme le souffle d'air dans les poumons de quelqu'un qui est en train de se noyer. Elle réconforte ceux qui brûlent dans le feu de l'existence mondaine et apaise leur douleur. A tous ceux qui viennent la voir, et ils sont nombreux, elle apporte une lueur d'espoir dans le vide de leur vie. Ceux qui n'avaient jamais cru en Dieu trouvent enfin l'occasion d'investir leur foi et ils ont quelque chose à quoi se raccrocher. Après une longue séparation, toutes ces âmes sont heureuses d'avoir Amma parmi elles. Elles languissaient d'être dans ses bras, de recevoir ses caresses qui dissolvent les chagrins engendrés par la vie dans le monde. Cœurs tristes en Inde, cœurs joyeux en Occident : Amma, Amma seule remplit tous les cœurs.

Au fil des années, partout où Amma se rend en Occident, les foules sont de plus en plus nombreuses. Grâce au contact qu'ils ont avec elle, beaucoup de dévots vivent maintenant dans la dévotion et l'amour de Dieu. Cette lente transformation évoque l'épanouissement d'une fleur qui ouvre ses pétales un par un pour saluer le soleil. Ils ouvrent ainsi leur cœur et leur vie, afin d'absorber Amma profondément en eux-mêmes, grâce à l'amour et à la dévotion qu'ils ont développés pour elle.

Une jeune femme qui vient voir Amma aux Etat-Unis arrivait au début coiffée de dreadlocks qui virevoltaient autour d'elle tandis qu'elle dansait, perdue de béatitude, au son des *bhajans*. Au bout de quelques années, elle s'est mise à porter un drap blanc en guise de sari. Elle n'avait pas d'argent et c'était ce qu'elle pouvait trouver de plus ressemblant. Elle désirait ardemment devenir un des enfants d'Amma. Maintenant, quelques années plus tard, elle s'est donné un but dans la vie : elle fait des études de médecine pour pouvoir servir Amma en travaillant à AIMS, au service des pauvres.

Toute la création est attirée par Amma. Ce ne sont pas seulement les humains qui la trouvent irrésistible, mais aussi les animaux et les insectes. Récemment, nous étions à Trivandrum et j'étais assise derrière elle sur la scène. Je remarquai une abeille qui s'était posée sur elle. Une autre avait voulu se rapprocher encore plus et s'était faufilée sous son sari. Au beau milieu des *bhajans*, Amma s'est soudain retournée et m'a tendu la baguette en bois avec laquelle elle marque le rythme. Pendant une seconde, mon cœur s'est arrêté : j'ai cru qu'elle allait me demander de chanter un *bhajan* ! Puis j'ai remarqué une abeille posée au bout de la baguette. Comme pour tous les enfants qui viennent prendre refuge en son sein, Amma voulait qu'elle soit mise en lieu sûr après avoir reçu sa bénédiction. Je portai donc la baguette vers le bord de la scène et regardai s'envoler l'abeille comblée.

Une autre fois, j'ai vu un papillon posé sur la guirlande qu'elle portait lors d'un Dévi *Bhava* et j'ai pensé : « Comme c'est beau ! Toute la nature veut venir au *darshan* d'Amma ! » Je l'ai laissé faire. Au bout de quelques minutes, il s'est envolé, satisfait, mais pour revenir deux minutes plus tard. Alors là, j'étais un peu fâchée, parce que tout le monde sait qu'on n'est autorisé à aller au *darshan* qu'une seule fois, et qu'il n'est pas permis d'y aller une seconde fois, quel que soit le nombre de vos pattes ou de vos ailes !

Le papillon et l'abeille étaient attirés par Amma et l'attirance que nous éprouvons nous aussi pour elle peut être qualifiée d'attachement. Bien que l'attachement soit généralement considéré comme un obstacle au progrès spirituel, le lien que nous tissons avec le gourou l'accélère au contraire et nous ouvre le cœur. Selon Amma, il est extrêmement important de développer avec notre gourou une relation fondée sur l'amour, la foi et l'abandon de nous-mêmes. Car ce lien, en soi, peut nous mener au but. Nous aurons beau accomplir quantité d'exercices spirituels, cela ne nous aidera pas autant à progresser que le lien d'amour avec un maître parfait ; en dernier ressort, c'est la grâce du gourou qui détruit notre ego.

Même si nous pratiquons la méditation ou d'autres formes d'austérités plusieurs heures par jour, étudions les Ecritures et apprenons à réciter des milliers de mantras, rien ne garantit que nous atteindrons le but : la réalisation du Soi. Mais lorsque nous créons ce lien d'amour avec le gourou, nous ne pouvons plus jamais le quitter. Car il n'est pas limité à cette vie, il nous accompagne au-delà de la mort et nous mène finalement à la libération. Pour créer un lien avec Amma, il n'est pas nécessaire d'être toujours en sa présence physique. Certains ont peut être le sentiment qu'il est plus facile pour les résidents de l'ashram d'avoir un lien avec elle, mais ce n'est pas forcément vrai. Ces dernières années, Amma n'est jamais restée plus de deux mois de suite à l'ashram. Elle passe la plus grande partie de l'année à voyager en Inde ou à l'étranger. Les résidents qui ne l'accompagnent pas doivent apprendre à garder un lien fort avec elle quand elle est physiquement absente. Ceux qui vivent loin d'elle peuvent mener une vie tout aussi orientée vers la spiritualité que ceux qui vivent avec elle à l'ashram. Où que nous soyons, nous pouvons établir une relation avec elle et accomplir des progrès spirituels.

Une dévote de Bombay m'a raconté l'histoire d'une de ses amies, une femme qui n'avait jamais rencontré Amma mais qui était venue avec elle depuis Bombay jusqu'à l'ashram d'Amritapuri. Cette amie était un peu sceptique au sujet d'Amma. Elle pensait en effet qu'Amma accordait peut-être plus d'attention aux gens riches et célèbres qu'aux pauvres. La dévote garda le silence. Elle ne souhaitait pas influencer son amie en exprimant sa propre opinion. Elle se disait qu'il valait mieux la laisser faire l'expérience du *darshan*. Elle verrait bien elle-même que l'amour d'Amma est universel et qu'elle ne fait pas de différences.

Quand elles arrivèrent à la gare, un porteur assez âgé leur offrit ses services. En apprenant qu'elles allaient à Amritapuri, il exprima une grande joie. Il leur confia qu'il était un des dévots préférés d'Amma et qu'elle l'aimait beaucoup. En fait, dit-il, quand je vais la voir, elle me fait toujours asseoir longtemps à côté d'elle. Il ajouta qu'il devait absolument aller la voir toutes les semaines, sinon elle lui manquerait beaucoup !

Ces paroles émurent notre sceptique. Amma aimait beaucoup ce porteur, qui n'était aux yeux de la société qu'un vieil homme pauvre. En lui permettant d'établir un lien aussi fort avec elle, elle le guidait sur la voie spirituelle. Sa vie si simple était remplie de joie, grâce à l'attention spéciale qu'elle lui accordait.

Mais, si Amma forge ce lien avec nous, nous devons aussi y mettre du nôtre. Cela n'implique pas nécessairement de s'asseoir à côté d'elle ou de la servir personnellement. Si nous pensons à elle avec amour, foi et dévotion, ce lien aura la solidité du ciment. Les gopis de Vrindavan, par exemple, ne méditaient pas assises en lotus et ne pratiquaient pas d'austérités au sens traditionnel. Tout ce qu'elles faisaient, laver le linge, cuisiner, s'occuper de leurs bébés, fabriquer du beurre, aller chercher l'eau à la rivière, elles le faisaient en cultivant le souvenir de Krishna, et même en agissant toujours comme si tout ce qu'elles faisaient était pour Lui. Grâce à leur foi et à leur abandon d'elles-mêmes, elles finirent par se fondre en Lui.

Amma nous a un jour raconté la belle histoire d'une des gopis et de son amour pour Krishna. En entendant la flûte de Krishna, qui jouait dans la forêt, cette gopi n'eut plus qu'un seul désir : se précipiter vers Lui. Mais son mari la rattrapa et l'empêcha de partir. De douleur, elle tremblait comme un poisson hors de l'eau. Mais si grande était sa souffrance de ne pouvoir aller retrouver Krishna qu'elle quitta son corps à l'instant. Le mari garda le corps mais l'âme de la gopi se fondit en Lui.

Pour Amma, il n'y a pas de différence entre la vie spirituelle et la vie dans le monde, car elle voit Dieu en tout. C'est cette vision ultime des choses que nous devrions nous efforcer nous aussi d'atteindre.

Quand je suis arrivée à l'ashram il y a des années, Amma m'a dit : « Il est bon de s'attacher soit à Amma soit à l'ashram. » La plupart des gens ont choisi Amma, mais un peu étrangement, j'ai choisi l'ashram. Selon la tradition, l'ashram est une extension du corps du gourou. Le gourou n'est pas limité à un corps, il est le principe cosmique suprême présent en chaque atome de la création. J'ai constaté que servir l'ashram avec sincérité nous rapproche d'Amma.

Le lien que nous avons avec Amma ne ressemble pas aux autres attachements. Etre attaché à notre nom, à notre réputation ou à notre fortune engendre des obstacles sur la voie spirituelle, tandis que l'attachement à Amma favorise au contraire notre croissance spirituelle. Ce lien avec le gourou est une échelle qui peut nous mener vers les hauteurs de la réalisation du Soi. Une fois sur le toit, nous n'avons plus besoin de l'échelle. Amma nous permet de nous attacher à sa forme pour nous guider toujours plus haut, vers le but. Lorsque nous l'avons atteint, nous pouvons nous libérer complètement de l'attachement à la forme physique.

Amma nous dit toujours que si nous voulons développer de l'amour pour elle, nous ne devons pas nous attacher exclusivement à sa forme physique ; essayons de la trouver à l'intérieur de nous et nous l'aurons toujours avec nous. Si nous n'aimons que sa forme physique, cet amour peut disparaître parce qu'il est inconstant, fondé sur les vagues du mental. Un jour nous sommes amoureux parce qu'Amma nous accorde de l'attention et le lendemain, pour peu qu'elle semble nous ignorer, voilà que nous ne le sommes plus.

Un peu d'amour pour Amma ne suffit pas à nous garder fermement sur la voie spirituelle. Il nous faut une foi forte, inébranlable, accompagnée d'une vraie dévotion, qui n'a rien à voir avec l'adoration aveugle, l'émotivité ou le fanatisme. Il ne s'agit pas non plus simplement d'obéir sans discernement. La vraie dévotion, c'est l'épanouissement de l'âme dans le pur amour, c'est la grâce qui nous vient en récompense de nos efforts.

Le lien très fort qui se forme avec le gourou nous aide à surmonter des situations délicates et à survivre lors de périodes difficiles. Cet attachement nous permet d'approfondir notre foi et d'expérimenter le total abandon de soi-même.

En juin 2000, à l'ashram de San Ramon en Californie, un terrible incendie se déclara pendant le *darshan* et plusieurs personnes furent gravement brûlées. La nuit même, Amma se rendit à leur chevet. Je n'ai jamais vu personne accepter aussi complètement une situation aussi horrible. Tous exprimaient une foi et une confiance totales en Amma et en leur destinée. Amma leur a dit que la même chose leur serait arrivée où qu'ils aient été dans le monde et que partout ailleurs, les blessures auraient été plus graves encore. « Notre chemin est le chemin de la croix. Nous avons le choix entre douter ou développer notre foi et notre abandon de nous-mêmes et ainsi devenir plus forts. Une bougie fond quand on l'expose à la chaleur et la glace aussi. Mais la glaise passée au four se durcit et devient solide. » Elle ajouta que cette expérience les rendrait beaucoup

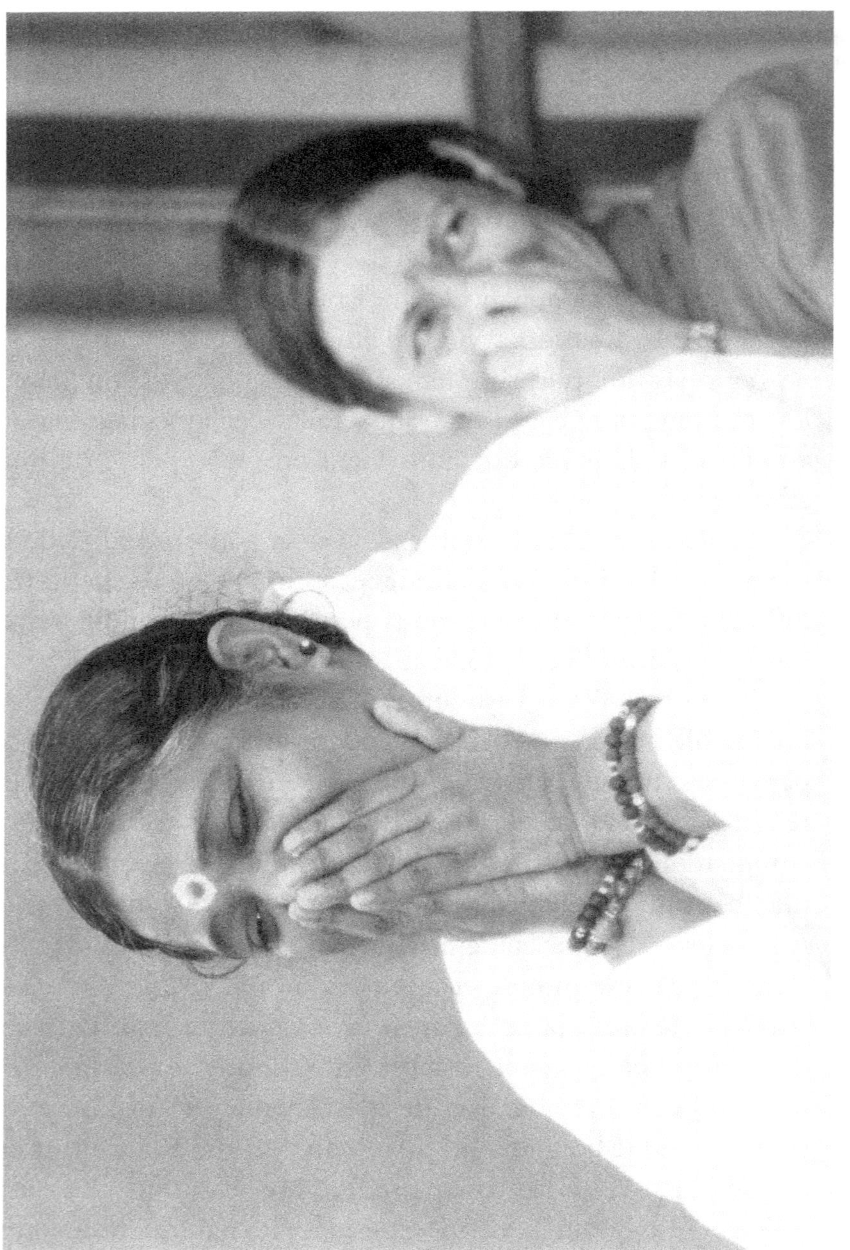

plus forts s'ils s'accrochaient aux pieds du gourou avec dévotion et acceptation.

Un des blessés lui avoua qu'au début, il avait ressenti de la colère et douté d'elle pendant son transport à l'hôpital. Il se demandait pourquoi elle avait permis un tel accident alors qu'ils faisaient du *seva*. Il lui raconta aussi l'atrocité de sa douleur quand les médecins, à l'hôpital, avaient enlevé la peau brûlée. Puis soudain, le cœur avait pris le pas sur la tête et il s'était senti fondre. A l'instant même, il avait su que tout cela était inévitable et qu'il lui fallait accepter. Sa dévotion était plus forte que ses doutes, plus forte même que la douleur. Une fois guéri, l'été suivant, il est retourné avec joie travailler à la cuisine. Chaque année, il se réjouit à l'idée de servir Amma de cette manière. Sa dévotion et son abandon dans une situation aussi difficile ont été pour nous tous une grande leçon et un exemple.

Selon Amma, la voie de la dévotion est sans aucun doute la plus facile. Le Bouddha a dit un jour : « Vous ne réaliserez la Vérité que grâce à la dévotion, à la dévotion seule. La Vérité ne peut être connue au moyen du mental ordinaire et la voie qui nous permet de transcender celui-ci passe dans le cœur. La voie du cœur, c'est la dévotion. »

Au début, Amma nous disait de ne pas méditer sur sa forme, mais de choisir un autre support pour notre méditation. Nous devions, disait-elle, avoir soif de quelque chose que nous n'avions pas. Et comme nous vivions avec elle, nous étions toujours avec elle. De plus, si nous faisions une erreur et qu'elle nous grondait, il nous serait difficile de nous asseoir pour méditer sur sa forme parce que notre ego serait en réaction après la réprimande.

Comme les Occidentaux croient généralement en un Dieu sans forme, j'ai demandé à Amma comment il était possible de se concentrer sur une forme de Dieu quand on croit à son aspect sans forme. « Fais semblant d'avoir de la dévotion, et un jour elle viendra. » m'a-t-elle répondu.

Je réfléchis aux formes des différentes divinités et ma pensée s'arrêta sur Krishna. Mais je n'arrivais pas à trouver une représentation de Lui qui me plaise vraiment. Quelqu'un d'autre possédait la seule qui m'attirât et refusait de me la donner. Jusqu'au jour où mon sentiment de frustration fut tel que je me mis à prier et à pleurer en appelant Krishna : « Je n'arrive pas à trouver une image de Toi. J'ai cherché partout, mais je ne Te trouve pas. Alors il va falloir que ce soit Toi qui viennes à moi. »

Ce soir-là, nous sommes partis pour un *darshan* à l'extérieur de l'ashram. Une fois les *bhajans* terminés, nous sommes allés dans une des maisons voisines pour y prendre notre repas offert par les dévots, comme le veut la tradition. En entrant dans la maison, j'ai vu deux images identiques de Krishna accrochées au mur, côte à côte. Cette représentation de Krishna était très belle, elle me plaisait beaucoup. Comme les deux images étaient identiques, je fus assez hardie pour demander au propriétaire s'il voulait bien m'en donner une, ce qu'il fit avec joie. Et ce fut cette représentation qui devint mon support de méditation. A ma grande surprise, Krishna avait entendu ma prière et m'était apparu le soir même. Il y a de cela plus de vingt ans, mais cette image est toujours dans ma chambre.

Donc je faisais semblant d'avoir de la dévotion pour Krishna et j'essayais de développer de l'amour pour Sa forme. Un jour que nous étions en visite dans une maison à Cochin, je me rappelle être restée assise pour essayer de méditer un moment en présence d'Amma. Je restai totalement concentrée pendant un long moment. Une vision de Krishna se fit soudain claire dans mon esprit et tandis que les larmes roulaient le long de mes joues, je sentis mon amour pour Krishna grandir dans mon cœur.

A l'époque, je méditais devant la salle de méditation. Je me rappelle avoir pleuré sans pouvoir m'arrêter, en pensant à Krishna. J'en étais si surprise que j'ai demandé à Amma : « Est-ce de l'émotivité ou de la dévotion ? » Elle a répondu : « Un peu d'émotivité et beaucoup de dévotion. Verser des larmes pour Dieu, cela revient à tirer le gros lot à la loterie. » J'avais suivi son conseil, j'avais fait semblant d'éprouver de la dévotion, et voilà que je la ressentais vraiment.

Une fois que nous avons commencé à ressentir de l'amour et de la dévotion, nous ne pouvons plus les perdre. Si la dévotion s'affaiblit par moments, jamais elle ne s'éteint. C'est l'un des plus grands cadeaux que j'ai reçus d'Amma. Quand le maître ouvre le lieu le plus secret de notre cœur et nous permet d'entrevoir la réalité de notre nature divine, alors une vague de gratitude et de joie s'élève en nous. Nous sommes reconnaissants au maître de nous avoir permis de faire cette expérience. Quand nous découvrons notre véritable Soi, l'amour et le respect envers le maître qui nous a aidé s'épanouissent dans notre cœur.

Je me suis dépouillée des ornements de ce monde.
Le seul joyau que je désire porter
C'est la précieuse guirlande de la dévotion.
Dans ce monde illusoire
Mes larmes d'amour pour Toi
Sont la seule vraie richesse.
Tout s'évanouit
Quand je contemple
Le lotus bleu de Ta forme.

Seigneur de Compassion
Comment mon cœur brisé
Echouerait-il à T'émouvoir ?
Je ne demande rien,
Sinon de toucher Tes pieds de lotus
Et d'avoir toujours pour compagnie
L'amour pour Toi.

Les nuages de l'illusion
Ne pénètrent plus dans mon esprit.
Ta forme protectrice les chasse.
Elle seule demeure dans mon esprit.
Tous mes désirs
Se sont envolés.

Chapitre 7

Un voyage sacré

« Au début, il est bon pour les chercheurs spirituels
de partir en pèlerinage.
Les difficultés du voyage les aideront
à comprendre la nature du monde. »

Amma

Il y a quelques années, à la fin du Dévi *Bhava,* Swami Ramakrishnananda vint me demander si j'avais toujours mon permis de conduire. Je répondis que oui. Il me dit alors d'aller vite préparer quelques affaires : Amma voulait quitter l'ashram un moment et désirait que je l'accompagne.

Nous nous sommes glissés hors de l'ashram au petit matin et nous sommes partis dans la voiture d'Amma. Je n'avais aucune idée de notre destination, mais c'était sans importance : une merveilleuse aventure s'annonçait. J'occupais le siège du passager à l'avant, Amma était allongée à l'arrière et Swami Ramakrishnananda conduisait. Nous avions fait quelques kilomètres sur la route qui longe la côte quand Amma me dit de prendre le volant. Heureusement que je n'avais rien mangé cette nuit-là car j'aurais eu bien des occasions d'avoir mal au ventre. Je n'avais pas conduit depuis dix ans. J'espérais que c'était comme pour la bicyclette, quelque chose que l'on n'oublie jamais. En tous cas, je savais que j'avais une bonne passagère arrière, Amma, et que même si je me trompais de pédale, par Sa grâce, nous arriverions certainement à destination.

A cette heure-là, il n'y avait pas beaucoup de circulation, et la conduite s'avéra facile. Nous avions décidé de nous rendre à Kanvashram, un ermitage retiré dans la forêt près de Varkala, à deux heures de route. A notre arrivée, le jeune gardien a refusé de nous ouvrir, en disant que le vieux swami qui demeurait là lui avait donné l'ordre de n'ouvrir à personne. Nous avons dit au garçon que c'était Amma qui voulait entrer, mais il ne comprit pas de quelle « amma » il s'agissait, et répondit qu'il ne pouvait ouvrir le portail qu'avec la permission écrite de l'avocat qui s'occupait des affaires juridiques de l'ashram. Heureusement, celui-ci n'habitait pas loin et Swami Ramakrishnananda partit en voiture pour obtenir cette permission tandis qu' Amma et moi attendions sur le sol rocheux ; allongée la tête sur mes genoux, Amma regardait les étoiles.

Des lève-tôt du voisinage arrivèrent et Amma leur parla avec amour. Ils nous avertirent qu'il y avait des chats sauvages dans les environs et que, non contents de vous sauter dessus et de vous mordre, ils vous lacéraient aussi le visage de leurs griffes. C'était un peu comme les histoires de fantôme qu'on raconte parfois aux enfants quand ils vont se coucher. Mais je me sentais en sécurité sous la protection de la Mère divine de l'univers. Swami Ramakrishnananda arriva enfin avec la permission écrite requise pour entrer dans l'ashram. Quand le vieux swami vint au portail et vit qu'on avait refusé l'entrée à Amma, il faillit avoir une crise cardiaque. Il était complètement bouleversé de l'avoir fait attendre aussi longtemps. Il dit qu'il nous accueillait très volontiers, et nous fit mille excuses :

toutes les chambres étaient fermées et il n'avait pas les clés ; il n'y avait pas d'endroit convenable pour dormir. Le seul lieu disponible était un abri ouvert sur les côtés, sous un toit en feuilles de cocotier tressées. Amma dit que c'était bien suffisant et quand il nous y eut conduits, elle rit joyeusement et répéta le mantra sanscrit : *Tyagenaike amritatvamanashuhu* (on ne peut atteindre l'immortalité que grâce au renoncement.) Ce mantra est la devise de l'ashram d'Amma et il transmet l'essence de sa vie et de son enseignement. Si elle le voulait, Amma pourrait avoir tout le luxe imaginable, mais elle était heureuse de dormir sur le sol en ciment, dans une hutte ouverte.

Nous avons étendu par terre un mince drap de coton et je me suis allongée à côté d'Amma, tandis que Swami Ramakrishnananda allait s'étendre un peu plus loin. Il avait décidé de monter la garde et pour nous protéger des chats sauvages, il avait trouvé un balai qu'il garda près de lui, au cas où nous serions attaqués.

Nous étions allongés depuis cinq minutes à peine lorsque nous entendîmes un bruit. Amma se lève d'un bond en disant : « Les chats ! Les chats ! » Le swami et moi sautons sur nos pieds, paniqués. Au bout d'un moment, nous nous regardons et commençons à rire de bon cœur, car il s'agissait en fait d'un petit bruit dans la jungle. Nous nous recouchons et peu après, même scène. Et ainsi plusieurs fois de suite. C'était à hurler de rire et nous avons passé plus de temps à rire qu'à dormir.

Pourtant, la bête sauvage est bien venue. Un bruissement de feuilles inquiétant s'est fait entendre à côté de nous. Le swami se lève en sursaut, armé de son balai, prêt à se jeter sur le chat sauvage sans lui laisser le temps d'attaquer. Je me lève aussi, et me voici sur la pointe des pieds avec ma lampe de poche de la taille d'un stylo.... Et nous, en choeur: « Le voilà !.. Tu parles d'un animal sauvage ! » Alors nous voyons passer ... une vieille chienne titubante. La pauvre bête devait avoir mis au monde des centaines de chiots au cours de sa vie. Nous voilà repartis à rire et pour le coup, c'en était fini de l'idée de dormir. A-t-on besoin de dormir quand on est avec Amma ?

Le lendemain matin, Amma renvoya Swami Rama-krishnananda à l'ashram d'Amritapuri : elle ne voulait pas donner aux *brahmacharis* le sentiment qu'elle avait une préférence pour l'un d'eux. Je restai donc seule avec elle. N'est-ce pas le désir secret que nourrit tout disciple : passer une journée seul avec son gourou.

Il n'y avait pas de salle de bains, et nous avons décidé de prendre notre bain matinal dans l'étang de la propriété. La couleur de l'eau, un peu brune et sombre, ne l'empêchait pas d'être rafraîchissante. Amma était ravie de se baigner et flottait avec délices allongée sur le dos, dans la posture du lotus. Je me contentai de rester au bord de l'étang et de la regarder savourer ce moment de solitude. Nous sommes sorties de l'étang un peu plus sales que nous n'y étions entrées, car la vase brune nous collait à la peau. Mais c'était sans importance, car il n'y avait pas de *darshan* ce jour-là, rien d'officiel : nous n'avions pas besoin d'être sur notre trente-et-un.

Amma était enchantée de se retrouver dans la nature. Souvent, elle regardait les arbres et le ciel, et s'émerveillait de leur beauté. Ces dernières années, elle avait très rarement eu l'occasion de regarder le ciel sans être entourée d'une foule. Voilà que la Créatrice de l'univers elle-même pouvait enfin admirer sa propre création.

Notre absence devait durer deux jours mais au milieu de la matinée, Amma pouvait déjà sentir le chagrin de ses enfants restés à l'ashram. Elle leur manquait. Assise près de l'étang cet

après-midi là, elle chanta un *bhajan* d'une tristesse poignante. Elle s'adressait au ciel, aux rochers à l'eau. Et pendant ce temps, des larmes roulaient sur ses joues. Je me demandais pourquoi elle pleurait. Pleurait-elle sur nous, qui sommes dans les griffes de *maya* ? Ou bien sur ceux qui ne peuvent pas pleurer d'amour pour Dieu, offrant ses larmes en leur nom ? Ou bien à cause de l'égoïsme si profondément gravé en nous et qu'elle avait essayé, en vain, d'éliminer au cours de toutes ces années ?

Elle finit par se lever en disant : « Rentrons. Mes enfants sont tous très tristes. Ils ne peuvent pas supporter l'absence d'Amma. » Je n'en revenais pas. Elle qui aurait pu rester et savourer la solitude dans ce cadre magnifique ! C'était une occasion très rare pour elle de passer un moment seule. Mais a-t-on jamais vu Amma choisir son propre bonheur en ignorant la tristesse d'autrui ? Nous avons repris le chemin de l'ashram. Sur la route, toutes sortes d'obstacles surgirent pour mettre à l'épreuve mes capacités de conductrice, notamment un éléphant qui surgit soudain à la tête d'un cortège. Heureusement, je réussis à éviter une collision.

Nous étions à la moitié du trajet quand un véhicule qui venait dans le sens opposé se mit à klaxonner. Le passager gesticulait frénétiquement en nous faisant signe de nous arrêter. C'était un des résidents qui avait pris un taxi pour partir à notre recherche. Amma se mit à rire comme un enfant pris en faute : « Pas de chance ! Ils nous ont trouvées ! » Ce qui avait le plus choqué ce résident, c'est que nous avions quitté l'ashram sans en informer personne. Il monta dans la voiture et nous reprîmes la route.

Quand nous sommes arrivés à l'ashram, les résidents nous attendaient en silence, alignés sur le passage de la voiture. Leur visage rayonnait de dévotion ; ils voulaient apercevoir Amma.

Je me demandais s'ils se rendaient compte de l'ampleur de l'amour qu'elle leur porte. N'avait-elle pas sacrifié l'occasion si rare de passer plusieurs jours dans la solitude ? Amma et moi avons pris un air sérieux en rentrant à l'ashram mais intérieurement, mon cœur souriait, tout à sa joie, habité par le souvenir merveilleux de notre rire et des moments si précieux que nous avions passés ensemble.

Plus tard, nous avons appris qu'il n'y a pas de chats sauvages à Varkala en cette saison. Et je renouvelle chaque année mon permis de conduire, au cas où une autre occasion se présenterait !

Mon cœur T'offre tout
Mais mon esprit s'échappe,
Et retourne malgré moi dans le monde.
Réveille-moi de ce rêve fou.
Je T'ai donné mon cœur
Mon esprit et mon corps restent
En ce monde, coquilles vides.
Rien n'a plus de sens.
Le monde a perdu sa douceur,
Seule me nourrit
La soif ardente que j'ai de Toi.
Océan de Compassion
Accorde je T'en prie
quelques gouttes de Ta miséricorde
A cette âme malheureuse.

Chapitre 8

Notre vie est notre sadhana

« Le but de notre sadhana ne devrait pas être
d'obtenir la libération,
Mais de développer assez d'amour, de compassion et
D'empathie pour supprimer la souffrance du monde.
Notre cœur doit devenir assez vaste
pour ressentir la douleur des autres comme la nôtre.
Nous travaillerons alors à les soulager de leur peine. »

Amma

On croit souvent que la *sadhana* consiste uniquement en pratiques spirituelles telles que la méditation, le *japa*, les *bhajans* ou la récitation de mantras. Cependant, lorsqu'il s'agit de réaliser Dieu, on ne peut pas séparer la *sadhana* de notre manière de vivre. C'est notre vie entière qui doit devenir une *sadhana* et non les quelques heures que nous consacrons quotidiennement à nos pratiques.

Notre attitude face aux circonstances doit toujours être vécue comme une *sadhana*. Selon Amma, c'est en examinant notre réaction lorsque les choses vont mal, que nous pouvons jauger notre progrès spirituel. Est-ce que nous nous mettons rapidement en colère ou bien sommes-nous capables de nous adapter à la situation ? A tout instant, en toutes circonstances, il nous faut essayer d'accomplir l'acte juste. Amma a la maîtrise totale de toutes les situations : rien ne l'affecte. Le discernement authentique nous permet d'accomplir toujours l'acte juste, au moment juste, et elle en est l'exemple parfait. Au début, il n'y avait pas d'emploi du temps déterminé à l'ashram. Nous faisions ce qu'il y avait à faire et passions le reste du temps avec elle. Au bout de quelques années, elle nous a demandé d'établir un emploi du temps et de nous y tenir. Au début, cela ne fut pas facile, mais nous avons fait de notre mieux pour suivre ses instructions.

Amma nous a toujours encouragés à faire preuve de régularité et de concentration dans nos pratiques. Elle inventait toujours quelque chose pour nous discipliner. Il lui arrivait parfois de faire une tournée le matin et de tambouriner à la porte pour nous réveiller si nous n'étions pas allés à l'*archana*. Par peur de la réprimande, nous faisions ensuite l'effort de nous lever pendant quelques jours. Il faut dire que l'emploi du temps qu'elle nous avait fait était chargé !

Quand elle s'asseyait pour méditer avec nous, elle avait parfois à côté d'elle un petit tas de cailloux et si elle voyait quelqu'un s'endormir ou manquer de concentration, elle lui en lançait un. Elle visait toujours juste ! C'était une manière ingénieuse de nous aider à rester éveillés et concentrés. Pendant un certain temps, Amma fit même un emploi du temps comprenant huit heures de méditation ; la plupart d'entre nous constatèrent qu'ils n'étaient pas capables de méditer aussi longtemps. « Je les oblige à rester assis pour qu'ils étudient le fonctionnement de l'esprit » dit-elle un jour. « Nous rendons les autres responsables de nos problèmes et pensons qu'ils viennent de l'extérieur. En réalité, l'origine de tous nos maux est à l'intérieur de nous, dans l'esprit. En l'examinant, nous pouvons constater que c'est lui la cause de tous nos ennuis. »

Je suis arrivée à l'ashram, avec l'intention de passer toute la journée à travailler dur et la nuit à verser des larmes pour Dieu. Comme Amma dans son enfance. Je me voyais faire de longs jeûnes, passer des heures absorbée dans une méditation profonde ou bien pratiquer de grandes austérités : rester parfaitement immobile, debout sur une jambe, dans une posture de yoga. Mais rien de tout cela ne se passa. Je me suis retrouvée à trimer des heures et des heures, à nettoyer les toilettes ou à couper les légumes. La plupart du temps, je m'endormais pendant la méditation.

Je me suis rendu compte que même si nous avons le désir d'accomplir de grandes austérités, nous n'en avons pas néces-sairement la force. Nous nourrissons peut-être des rêves spirituels très élevés, nous nous voyons déjà devenir des yogis très avancés, mais à notre époque la plupart d'entre nous ne possèdent ni la persévérance ni la discipline nécessaires pour se livrer à beaucoup de *tapas*. Assoiffés de Dieu, nous pleurons de tout notre être pendant cinq minutes, et voilà que l'instant d'après, notre esprit se tourne vers les objets de la vie ordinaire. Les larmes ont tari, la dévotion s'est évanouie de notre esprit, et nous songeons au prochain repas.

Comme nous ne sommes pas capables de passer des heures à faire de grandes austérités (*tapas)*, il nous faut un but plus facile à atteindre dans notre *sadhana*. Faire preuve de gentillesse envers autrui a plus de valeur que toutes les austérités du monde. Essayer d'être serviable envers tous, sans même qu'on vous le demande et surtout quand on vous le demande, cela peut faire une grande différence. A quoi bon multiplier les pratiques si elles ne nous aident pas à être plus compatissants et à mieux servir le monde ? Pendant des années, Amma a chanté presque tous les jours le *bhajan* « Shakti Rupe » dont voici un extrait :

N'est-il pas étrange d'accomplir avec respect
le rituel qui consiste à faire le tour du temple
Puis, sur le seuil, de chasser les mendiants ?
N'est-ce pas une insulte à la voie de la Connaissance ?
A quoi sert-il de penser à Toi si en même temps
On fait du mal aux autres ?
Ô Mère, est-il besoin de Te servir
Si on sert autrui en pensant à Toi ?
Cela n'est-il pas équivalent au karma yoga ?

Amma n'a jamais essayé de nous imposer son enseignement, mais elle chantait toujours ce *bhajan* emprunt d'une grande sagesse, et nous nous en sommes imprégnés. Quelqu'un a demandé un jour à Albert Einstein ce qu'il avait appris de plus important en étudiant toutes les religions du monde. Il a répondu : « Faire preuve d'un peu de gentillesse. » Amma nous rappelle souvent que si nous ne pouvons pas toujours aider les autres matériellement, nous pouvons au moins leur sourire, les consoler en leur parlant avec bonté et essayer de les réconforter. Tous ces actes peuvent devenir autant de pratiques spirituelles qui contribuent à nous purifier.

Nous n'avons pas tous la force de travailler physiquement. Ceux qui en ont la capacité doivent le faire et les autres peuvent envoyer des pensées positives. On dit souvent que les pensées sont plus puissantes que les actes. Le corps et l'esprit ne nous ont pas été donnés uniquement pour notre usage personnel, mais pour que nous apprenions aussi à servir les autres. Essayons de donner un maximum de nous-mêmes pour le bien

de l'humanité. Amma se donne constamment à tous ; elle est un exemple parfait.

Dans son enfance et sa jeunesse, elle priait nuit et jour avec ferveur et la pensée de Dieu accompagnait chacun de ses actes. Enfant, elle ne se contentait pas de faire ses devoirs et le travail qu'on lui avait donné. Elle se rendait dans d'autres maisons du village et y faisait aussi le travail domestique.

Damayanti Amma ne lui a jamais demandé d'en faire autant; c'était son idée à elle. Sa mère était heureuse de la voir travailler dur, mais elle n'aimait pas que des choses disparaissent de la maison. Il y avait un proverbe dans la famille d'Amma : « Il faut manger même quand on n'a pas faim, car si on ne mange pas, Soudhamani prend la nourriture pour la donner à quelqu'un d'autre. Quand on a faim, il n'y a plus rien ! » Ils n'osaient pas lui montrer ce qu'ils avaient de beau, par crainte qu'elle ne le donne à quelqu'un qui en avait plus besoin qu'eux.

Damayanti Amma possédait des vaches et la qualité de leur lait était réputée. Elle était d'une honnêteté scrupuleuse. Ce n'est pas elle qui aurait, comme certaines, rajouté de l'eau au lait pour gagner plus d'argent ! Sa probité était telle qu'elle ne lavait jamais le récipient sans laisser s'écouler jusqu'à la dernière goutte d'eau avant d'y verser le lait. Elle tenait beaucoup à sa réputation: il ne devait pas y avoir une seule goutte d'eau dans son lait. Au marché, on savait que, s'il venait de chez elle, il était pur.

Chaque jour, un des enfants allait le porter au marché. Quand c'était le tour d'Amma, elle se rendait directement chez des gens trop pauvres pour en acheter. Elle en faisait bouillir et le leur offrait. Puis, elle remplaçait ce qui manquait par de l'eau. Elle allait ensuite dans d'autres maisons et recommençait la même opération. Quand elle arrivait à la boutique, le lait était extrêmement dilué. Pendant quelques jours, le marchand ne disait rien, pensant que la vache était peut-être malade. Mais finalement, il était obligé d'aller voir Damayanti Amma, affreusement gêné de ce qu'il avait à lui dire, parce qu'elle était bien connue pour son honnêteté. Damayanti Amma, furieuse, appelait Soudhamani et l'interrogeait : « Qu'est-ce que tu as trafiqué avec le lait ? » Elle répondait calmement : « Il y avait des gens qui n'avaient pas de lait, alors je leur en ai donné. »

Très jeune, Amma savait que la spiritualité s'exprime par les actes. Si quelqu'un avait besoin de quelque chose et qu'elle pouvait le lui donner, elle le faisait sans crainte d'être punie. Elle n'était en paix que si elle faisait le maximum pour aider ceux qu'elle voyait souffrir.

J'ai entendu parler d'un grand yogi qui mettait toute son attention dans chacune de ses actions, même la plus ordinaire. Il mettait autant de soin à nettoyer un pot de cuivre qu'à adorer Dieu dans le temple. Ce grand yogi était le meilleur exemple du secret qu'il a un jour révélé : quelle est la manière juste d'agir ? « Aimez le moyen et prêtez-y autant d'attention que s'il s'agissait de la fin. » Selon Amma, les pratiques spirituelles ne sont pas de simples exercices physiques mais une discipline, dont le but ultime est de mettre notre esprit et notre intellect en résonnance avec le Divin. Ceux qui pratiquent leur *sadhana* avec l'attitude et l'intention justes constateront que tout vient à eux sans qu'ils demandent rien. A notre époque, il est souvent difficile de rester concentré. L'esprit se disperse, attiré par une multitude d'objets. Notre devoir est cependant de le maîtriser. Dans tous les domaines de la vie, il faut pour réussir se donner une discipline solide. La discipline spirituelle consiste à concentrer l'esprit éparpillé. S'il nourrit le plus petit désir, il ne peut s'absorber en Dieu. La vraie méditation est un flot ininterrompu de pensées qui s'écoulent vers Dieu. Mais combien d'entre nous sont capables de rester entièrement concentrés sur Dieu ? Tant que nous n'y sommes pas parvenus, tout ce que nous faisons n'est qu'une préparation au véritable état de méditation.

Amma nous recommande d'équilibrer nos pratiques spirituelles. Pendant un des tours du nord de l'Inde, elle a déclaré que même pour les yogis qui méditent dans les grottes de l'Himalaya, le *satsang* est nécessaire. Sinon, ils risquent eux aussi de tomber dans l'illusion. Lors des *satsangs*, nous discutons de sujets concernant la vie spirituelle et chantons ensemble des mantras, ce qui purifie à la fois notre esprit et l'atmosphère. Sans *satsang*, nous sommes pareils aux arbres qui bordent les routes et ramassent la poussière soulevée par le flot ininterrompu de la circulation.

Certains affirment qu'il vaut mieux s'abstenir d'agir pour éviter de créer de nouvelles *vasanas*. Mais quand nous méditons, le mental est encore actif. Il s'agit simplement d'un autre mode d'action. Faisons plutôt en sorte que nos actions soient utiles au monde, servons avec désintéressement. Selon Amma, faire des pratiques spirituelles sans accomplir d'actions désintéressées, revient à « construire une maison sans porte ou sans chemin d'accès ».

Dans les premières années de l'ashram, un *brahmachari* installa un labo-photo. Mais il y avait un problème : ce *brahmachari* souffrait d'une maladie des yeux et n'y voyait pas très bien. Je demandai à Amma la permission de l'aider à développer les photos. Je voyais bien quel travail c'était pour lui. Il y avait une semaine que je lui servais d'assistante quand Amma me demanda soudain de reprendre le labo. Très surprise, je répondis que mon désir était simplement de l'aider et non d'être responsable de la production des photos. « Qui peut aider qui ? » répliqua Amma. Je passai un long moment à essayer de comprendre le sens de ces paroles. C'était comme une parole tirée des Védas, d'une telle profondeur que j'aurais pu passer des années à la méditer avant d'en comprendre pleinement le sens ; tel était du moins mon sentiment. Après une telle réponse, je n'avais pas le choix : je pris la responsabilité des photos. Je n'y connaissais rien, mais j'étais prête à apprendre. Pour les agrandissements, nous n'avions qu'une vieille machine d'occasion un peu cassée et je développais les photos avec des produits chimiques conservés à la température de la pièce. Plus tard, j'ai su que personne ou presque n'utilise plus une méthode aussi primitive pour développer des photos en couleur. Mais par la grâce d'Amma, les photos étaient plus réussies que dans la plupart des studios professionnels.

Au bout de dix jours, j'étais si occupée à faire des photos que je ne trouvais plus le temps de méditer. Comme j'avais mauvaise conscience, j'en ai parlé à Amma. Elle a répondu : « Ce travail est ta méditation. Tu ne sais pas quelle chance tu as ! Dans le monde entier les gens pleurent en se languissant de voir la forme d'Amma et tu l'as tout le temps devant les yeux. C'est cela, ta méditation.»

Amma nous dit toujours qu'il est important d'avoir un but. On insiste souvent là-dessus dans la vie spirituelle mais tant que nous n'en avons pas fait l'expérience, nous ne mesurons peut-être pas à quel point c'est vital. Seule l'expérience personnelle nous permet d'en prendre conscience. Ce fut le cas pour moi avec *sannyas*. Il y a des années, on me demanda si je voulais prendre *sannyas*. Ce fut pour moi un vrai choc car je ne l'avais jamais envisagé. Mais en y réfléchissant, je vis que mon existence était tout entière orientée vers la vie spirituelle. Au moment où j'avais rencontré Amma, je désirais avoir des enfants et rêvais de voyages mais tous ces désirs s'étaient envolés en sa présence. Pourtant je ne me sentais pas prête pour *sannyas*. Alors quelqu'un me suggéra : « Eh bien, tu n'as qu'à te préparer ! » Cette idée me surprit mais elle tombait sous le sens. Je gardai donc cet objectif toujours à l'esprit au cours des six mois qui suivirent : essayer d'être prête. Cela me travaillait intérieurement et j'avais toujours en tête ces paroles : « Prépare-toi. » Une vraie bataille intérieure se livrait en moi. Je me disais : « Comment pourrais-tu jamais prétendre être prête pour une chose pareille ? » Puis une pensée opposée venait : « Tu es destinée à cela. » Ces réflexions m'obligèrent à faire beaucoup d'efforts pour essayer d'agir toujours de manière juste.

Je compris alors pourquoi il est si important d'avoir un but. Parce que j'avais ce but, tout ce qui m'en écartait m'est devenu indifférent. Je voulais me préparer à quelque chose d'important et il fallait que je sois à la hauteur.

Six mois plus tard, on m'informa qu'Amma m'offrait *sannyas*. La veille de la cérémonie, Amma m'appela dans sa chambre et me posa une seule question : « Est-ce que ton cœur est ouvert à cela ? » Après avoir réfléchi et essayé de me préparer pendant aussi longtemps, je pouvais lui répondre en toute honnêteté : « Oui ». Je lui ai demandé ce que je pouvais faire pour changer et elle a répondu : « Lis les livres d'Amma. » C'est un conseil agréable pour nous tous, une pratique facile. Toutes les pratiques spirituelles ont pour but d'augmenter notre concentration, de purifier notre esprit pur que nous puissions, finalement, nous fondre en Dieu. La *sadhana* est certes nécessaire, elle nous permet d'acquérir de la discipline et d'augmenter l'acuité de notre conscience. Toutefois, en ce qui me concerne, j'ai constaté que la meilleure voie est celle du service désintéressé. Nous sommes, pour la plupart, dominés par *rajas* et incapables de méditer longtemps en restant très concentrés. Mais nous trouverons peut-être la force de travailler dur pendant des heures. Par la grâce d'Amma, où que nous soyons dans le monde, nous avons toujours la possibilité de purifier notre esprit en faisant du service désintéressé.

Ô mon esprit,
Pourquoi ne veux-tu pas être mon ami ?
Nous pourrions être si heureux ensemble.
Pourquoi désires-tu plonger profond
Dans les eaux sombres de maya
Pendant tant d'années
Sans même désirer remonter à la surface
Respirer l'air pur qui nous attend ?

Tu sais que penser à Dieu
Est notre plus grand bonheur.
Comment puis-je te convaincre ?
Comment te faire partager cette béatitude ?
Pourquoi désires-tu demeurer
dans le bourbier de ce monde
Au lieu de t'envoler vers le ciel pur ?

Ô mon esprit
Je te donnerai tout ce que tu veux
Si seulement tu me laisses un peu plus longtemps
Avec mon Bien-Aimé aux yeux de lotus
Qui bien souvent m'appelle
Jouant doucement une mélodie sur sa flûte.
Pour passer un peu plus de temps avec Lui
Je te donnerai tout ce qu'il te plaît.

Ô mon esprit nous avons tous deux la chance
De goûter la paix.
Pourquoi ne viens-tu pas avec moi là-bas ?

Chapitre 9

Le service désintéressé

« Essayez de travailler de manière désintéressée
Et avec amour.
Donnez-vous entièrement.
Alors, quel que soit le travail que vous faites
Vous en ressentirez la beauté.
L'amour et la beauté sont à l'intérieur de vous.
Essayez de les exprimer à travers vos actes
Et sans nul doute, vous serez en contact
Avec la source intérieure de béatitude. »

Amma

Quand je suis venue vivre auprès d'Amma, je souhaitais apprendre comment mener une vie spirituelle. J'avais constaté l'impermanence des joies qu'on éprouve dans le monde et j'avais le sentiment que seule une vie spirituelle pouvait m'apporter un bonheur authentique.

Les premières années, le petit groupe qui avait la chance de vivre auprès d'Amma n'avait pas la discipline que nous avons acquise depuis lors. Notre seule aspiration : être avec elle et rester à jamais à ses pieds. Nous n'avions que peu de notions de la vie spirituelle. Au bout de quelques années, Amma a commencé à parler de « service ». Nous nous regardions, surpris, ignorant encore l'importance qu'allait prendre le service dans notre vie. A l'époque, l'amour d'Amma s'exprimait essentiellement à travers le *darshan*. Nous ne nous doutions pas qu'elle allait fonder un des plus grands réseaux humanitaires qui soit.

Le temps a passé et Amma insistait de plus en plus sur le service désintéressé. Notre désir de servir le monde, cette petite graine qu'elle avait plantée dans nos cœurs et nourrie avec tant d'amour et de soin, a grandi peu à peu et s'est épanouie. Notre voeu le plus cher est maintenant d'agir pour le bien des êtres. Telle est la prière qui résonne au fond du cœur de tous ceux qui sont venus vivre auprès d'elle dans les premières années de l'ashram : « Amma, donne-nous la force et la pureté qui nous permettront de servir le monde. »

Voici l'un des souvenirs les plus mémorables de ma vie avec Amma : nous étions en voiture, après un long *darshan*. C'était au petit matin et nous étions tous très fatigués. Mais Amma n'est jamais trop fatiguée pour un *darshan* supplémentaire. Pour lui donner la chance de voyager avec elle, elle avait pris un adolescent dans sa voiture. Assis à côté d'elle, il lui dit : « Amma, promets-moi qu'un jour, tu prendras des vacances. »

Amma a ri et a mis la tête du garçon sur son épaule. « Mais mon enfant » a-t-elle répondu, « je suis en vacances ! Nous venons au monde sans rien et nous le quittons sans rien. Le corps tombe malade, même si nous prenons beaucoup de repos, et le moment venu, il mourra, quoi que nous fassions. Alors, autant essayer de faire quelque chose de bien pendant notre vie, quelque chose qui profite au monde, tant que nous sommes là, et manifester ainsi notre gratitude. »

Je sentis que c'était une grande bénédiction d'entendre ces paroles, comme recevoir l'enseignement donné par Krishna à

Arjuna sur le champ de bataille. Amma était le Maître divin offrant au disciple le nectar de sa sagesse, la Mère aimante instruisant son enfant chéri, et aussi l'ami très cher qui donnait un bon conseil. Méditer sur ces quelques phrases revenait à contempler les plus grands enseignements spirituels, concentrés en peu de mots. En vérité, Amma cache sa grandeur. Vêtue d'un simple sari blanc, elle est un des plus grands *mahatmas* qui aient jamais marché sur cette terre.

Amma nous rappelle que le corps s'effondrera un jour, que nous allons mourir. Ne vaut-il pas mieux user ce corps en faisant de bonnes actions que le laisser rouiller à ne rien faire ? Lorsque nous nous asseyons tranquillement pour essayer de méditer, les pensées surgissent constamment dans notre esprit. Essayons donc d'utiliser notre corps et notre esprit d'une manière qui soit bénéfique pour les autres. Pour la plupart d'entre nous, il est difficile d'obtenir la concentration de l'esprit par d'autres pratiques spirituelles. Le service désintéressé devient alors notre *sadhana* principale. Il se peut que nous ne parvenions pas, dans la méditation, à offrir toutes nos pensées au Seigneur. Le travail tend alors à devenir notre adoration, notre offrande sacrée. Amma nous permet de purifier et de concentrer notre esprit par le service désintéressé, et s'efforce constamment de nous insuffler le désir de vivre conformément à ce principe. Tout ce que nous prenons en ce monde crée une dette karmique. Payons cette dette avec joie, amour et gratitude. Ne restons pas oisifs, mettons nos talents au service de l'humanité et travaillons dur. Il y a en nous de grands talents cachés ; à nous de les exprimer et de les utiliser pour servir. La vie est un don précieux qui ne nous a pas été donné pour jouir des plaisirs des sens, mais pour faire de bonnes actions. Ne gâchons pas nos talents, les dons que nous avons reçus.

Pendant le tour du nord de l'Inde nous sommes allés à Mananthavadi, un endroit qu'Amma appelle Anandavadi, c'est-à-dire « Lieu de béatitude ». Pendant que la voiture montait la colline, les Adivasi (populations tribales) l'attendaient pour l'accueillir à leur manière. Ils dansaient de joie devant la voiture. Les femmes vêtues de blanc laissaient flotter au vent leurs vêtements vieux et usés tandis qu'elles virevoltaient pour fêter la venue d'Amma. Elle était là pour une visite de trois jours, elle venait essuyer leurs larmes, les soulager de leur fardeau de souffrances, un fardeau terriblement lourd !

La vie est dure pour ces gens qui vivent dans les collines du Kérala, productrices de thé et de café. La plupart n'ont pas de travail. Bien souvent, ils ne parviennent pas à vendre leurs produits agricoles, et les récoltes pourrissent sur pied. D'autres régions fournissent les mêmes produits à des prix plus bas. Pourquoi payer plus cher pour aider les pauvres fermiers dans le besoin ? Très peu de gens agissent ainsi, malheureusement. Les agriculteurs, s'ils ne vendent pas leur récolte, ne peuvent pas non plus employer de main d'œuvre.

Pendant que nous montions lentement la colline dans la voiture d'Amma, les danseurs balançaient leurs bras, en un mouvement de danse très simple. Un petit homme qui devait avoir près de quatre-vingts ans voulait lui aussi danser pour elle. Un parapluie à la main, il se trémoussait avec un peu moins de grâce que les femmes et son turban vieux rose, qui montait et descendait au rythme de ses mouvements, ajoutait encore au comique de la scène. Un des organisateurs essayait sans cesse de l'écarter, mais il réussissait toujours à revenir devant la voiture.

Ils avaient, a dit Amma, l'innocence des petits enfants. Une attitude innocente attire la grâce du maître. Ces villageois si pauvres étaient conscients de recevoir la bénédiction d'un être divin. Leur cœur, leur esprit et leur corps dansaient de joie, baignant dans la douceur de l'amour de la Mère divine. Beaucoup d'entre eux lui offraient une roupie durement gagnée lorsqu'ils venaient au *darshan*. Inspirés par son exemple, ils voulaient eux aussi donner, alors qu'ils n'avaient rien. Nul doute que cette pièce d'une roupie se transformait en or, puisque c'était tout ce qu'ils avaient et qu'elle avait plus de valeur que les millions donnés par ceux qui vivent dans l'opulence.

Tout le monde est heureux de se rendre dans cet endroit où l'atmosphère et les alentours sont si propres et purs. La bonté simple qui se lit sur le visage de chacun fait plaisir à voir. Pendant le programme d'Amma, la campagne tout autour se transforme en ashram improvisé. Partout, les gens s'entraident. Les mantras sanskrits résonnent et les *bhajans* glorifient jusqu'à l'extase le nom de Dieu. Ces vibrations purifient tous les environs, peut-être même tout le pays, voire le monde entier.

Le premier jour du programme, en regardant par la fenêtre de ma chambre, j'ai vu que la journée serait belle et que le monde extérieur était plein de beauté. J'ai vu les dévots qui servaient bénévolement au réfectoire. Le sourire aux lèvres, ils maniaient la louche pour servir une nourriture simple à ceux qui venaient prendre leur repas. Les uns étaient heureux de servir d'autres dévots. Nourrir les dévots du Seigneur, quelle bénédiction ! Les autres parce qu'ils savaient que les quelques pièces qu'ils avaient données pour payer le repas aideraient les pauvres au travers du réseau des œuvres caritatives d'Amma.

Le réseau humanitaire créé par Amma est un cycle vraiment extraordinaire ! C'est réellement une situation où tout le monde est gagnant ! Ceux qui travaillent dur accumulent du bon *karma* pour l'avenir et en éprouvent une joie immédiate. Les acheteurs sont heureux de ce qu'ils reçoivent et savent en outre que l'argent est utilisé pour une bonne cause. Ils créent du bon *karma* en contribuant aux fonds nécessaires à l'aide humanitaire. Et les pauvres qui reçoivent l'aide des œuvres caritatives d'Amma ont gagné dans les vies antérieures le mérite qui leur permet aujourd'hui d'être aidés. C'est un cycle qui apporte de la joie à tous.

Nous ignorons les effets d'un service désintéressé mais sans l'ombre d'un doute, ils seront bénéfiques. Une telle attitude peut même parfois nous sauver la vie. On raconte ainsi que deux hommes voyageaient ensemble par un froid mordant. Il neigeait abondamment et les deux voyageurs étaient presque gelés. C'est alors qu'ils virent un autre homme qui gisait sur la neige, à demi-mort de froid. Un des compagnons proposa de le sauver, mais l'autre continua son chemin en disant qu'ils avaient assez à faire pour sauver leur peau. Ignorant son conseil, le premier ramassa le mourant et continua péniblement son chemin, portant sur son dos le corps gelé. Le fardeau était lourd et il peinait. Au bout d'un moment, il retrouva son compagnon, mort de froid. Mais l'effort qu'il avait fourni pour porter l'étranger sur ses épaules l'avait réchauffé. Cette chaleur s'était communiquée au mourant qui avait repris connaissance. Cet acte de bonté désintéressée leur sauva la vie à tous les deux.

Le *seva* peut donner un sens à notre existence. Une vieille femme de quatre-vingt-six ans qui habitait Madras souffrait de dépression. Elle ne trouvait plus aucune raison de se lever le matin ni même de vivre. Elle avait voulu apporter sa contribution à des organisations charitables de la ville, mais elles n'acceptaient que les dons financiers. C'est alors qu'elle a découvert une autre possibilité : elle pouvait coudre des sacs et des porte-monnaie et les donner à Amma. Ils seraient vendus au profit des œuvres caritatives. Cette femme, qui s'était cassé

la hanche, réussissait encore malgré cela, à quatre vingt six ans, à utiliser une vieille machine à coudre à pédale. Le travail était un peu difficile pour elle, mais elle se réjouissait d'être capable d'aider les autres. Ce travail de couture a redonné un sens à sa vie. Chaque matin, elle a la joie de créer quelque chose de nouveau. Cette vieille dame a un jour envoyé des objets de sa fabrication pour qu'ils soient donnés à Amma pendant le *darshan.* Amma a dit qu'elle pouvait sentir avec quel amour ils étaient confectionnés. C'est avec joie qu'elle les a regardés, y consacrant un long moment. Comme la vieille dame n'avait pas la possibilité de voyager pour venir la voir, Amma lui a fait parvenir du *prasad.*

Ceux qui sont prêts à travailler bénévolement ont plus de valeur que l'or. Un résident de l'ashram m'a parlé d'une organisation humanitaire importante qui n'avait que cent membres à vie pour faire tout le travail. Quelqu'un leur avait fait don d'une somme importante mais ils ont répondu : « Nous n'avons pas besoin de cet argent, donnez-nous plutôt cinq personnes prêtes à se consacrer au service désintéressé. Cela aurait beaucoup plus de valeur pour nous. » L'argent va et vient et il est souvent facile à obtenir. Mais les travailleurs bénévoles sont difficiles à trouver.

« Notre richesse, c'est ce que nous pouvons faire pour les autres » a dit Sir Edmund Hilary, bien connu pour ses exploits. Il fut un des premiers à réussir l'ascension du Mont Everest et encore l'un des premiers à se rendre au pôle Nord et au pôle Sud. Pour certains, de telles prouesses constituent le sommet d'une vie humaine. Pourtant, quand on a demandé à Sir Edmund Hilary ce qu'il considérait comme son plus grand succès, il n'a rien mentionné de tout cela. Selon lui, sa plus grande réussite, c'était d'avoir aidé les Sherpas, au Népal. « Quand je regarde en arrière, il ne fait aucun doute que ce que j'ai fait de plus valable, ce n'est pas d'être monté au sommet des montagnes ou d'être allé au pôle Nord et au pôle Sud. Certes, c'étaient de grandes aventures, mais ce que j'ai entrepris de plus important, c'est d'avoir construit et entretenu des écoles et des dispensaires pour les populations qui vivent dans l'Himalaya. » Nous n'avons peut-être pas la force d'escalader la plus grande montagne du monde, mais nous avons la capacité d'atteindre les sommets de la spiritualité. C'est à la portée de chacun d'entre nous. Une force immense est contenue en nous mais nous puisons rarement dans ce réservoir d'énergie divine.

Amma nous montre constamment cette capacité qui est en nous de puiser dans des ressources incommensurables d'énergie et de compassion. Elle venait de donner le *darshan* à vingt mille personnes à Sivakasi, au Tamil Nadu, quand elle s'est rendue à Anbu Illam, le foyer pour les personnes âgées géré par l'ashram. Il était quatre heures trente du matin et les résidents du foyer étaient enchantés d'avoir sa visite. Douchés et revêtus de leurs plus beaux habits, ils étaient tous debout, prêts à recevoir Amma.

Elle est allée voir chacun dans sa chambre. Dans la première chambre, elle a constaté qu'une partie de la literie était sale et que les fenêtres avaient besoin d'un bon nettoyage. Dans les autres chambres, il y avait des toiles d'araignée et un petit essaim d'abeilles était même en formation sur un des néons. Amma s'est mise à épousseter et à faire le ménage dans toutes les chambres. Elle insistait pour tout nettoyer elle-même, et refusait l'aide des membres du personnel. Elle a réprimandé le médecin et le directeur en leur disant qu'ils avaient une chance immense de pouvoir servir des personnes âgées qui ne sont plus autonomes, car ils pouvaient ainsi accumuler beaucoup de *punyam* (mérite). Elle leur a enjoint de faire un effort particulier pour procurer un environnement propre à ces personnes dans les dernières années de leur vie. Amma a passé la nuit à Anbu Illam, pour le bonheur de tous les résidents. Ils ont demandé la permission d'être photographiés avec elle et elle a gracieusement accepté de poser pour une photographie de groupe.

Lors des célébrations de son 45ème anniversaire, Amma a exaucé un de mes plus anciens désirs. J'ai toujours souhaité servir la nourriture. Amma se désigne parfois elle-même comme « la servante des serviteurs ». Il me semblait qu'une des plus grandes bénédictions que l'on puisse recevoir était de servir les « serviteurs de la servante des serviteurs ». J'y avais souvent pensé, mais comme j'ai toujurs été un peu timide, je n'avais jamais eu l'occasion de le faire. C'était simplement un désir que je nourrissais depuis longtemps.

J'ai préparé mon plan et j'ai décidé, le jour de l'anniversaire d'Amma, d'aller servir la nourriture. Au milieu de ces milliers de dévots, personne ne me remarquerait. J'ai pris mon courage à deux mains et j'ai demandé à celles qui faisaient le service si je pouvais moi aussi servir. Elles ont accepté à contre cœur car en fait, elles auraient préféré garder le travail pour elles. Comme il me semblait que le plus facile serait de servir les *pappadams*, j'ai commencé à les distribuer. Celle dont j'avais pris la place m'a dit qu'elle aussi avait attendu avec joie l'occasion de servir les dévots.

S'agissait-il d'une maladie contagieuse ? Il semblait que chacun, d'une manière ou d'une autre, désirait servir. Avec ou sans badge, beaucoup de bénévoles travaillaient dur pendant de longues heures et tous paraissaient très heureux. Comme dit le proverbe « Donner apporte plus de joie que recevoir » et ce jour-là, nombreux étaient ceux qui en faisaient l'expérience.

Lorsque nous offrons une fleur à Dieu, involontairement, nous sommes les premiers à profiter de son parfum et de sa beauté. Ainsi, nous dit Amma, lorsque nous accomplissons un acte désintéressé, nous en recevons les bienfaits avant même celui ou celle que nous servons.

Il arrive souvent que les gens hésitent à aller au *darshan* s'ils ont travaillé dur et n'ont pas eu le temps de changer leurs vêtements. Mais Amma dit que l'odeur de la transpiratin des dévots est un parfum pour elle. Leur effort et l'attitude désintéressée qu'ils avaient en travaillant se sont transformés en parfum. Tout ce labeur vise à apporter de la joie aux autres, à faire entrer la lumière dans la vie de ceux qui souffrent.

Nous avons souvent vu Amma donner l'exemple et venir travailler avec nous ; elle portait des briques et des cailloux sur la tête, ou nous aidait à transporter de la terre ou du sable. Le simple fait de la regarder est un grand enseignement. Elle travaille avec joie et concentration. Autrefois, quand le temple était en construction, ce n'était pas pour un cours sur les Ecritures que la cloche sonnait, mais pour faire du ciment. Amma nous avait dit de tout faire nous-mêmes, parce que nous en retirerions de la joie et de la satisfaction. Ainsi, nous aurions le sentiment de mettre une partie de nous-mêmes dans cet édifice ; ce n'est pas seulement avec du ciment que les fondations du temple ont été construites, c'est aussi avec de l'amour. Nous en avions sur les mains, sur les vêtements et même dans les cheveux à force de faire la chaîne pour passer les cuvettes métalliques pleines de ciment. Et les taches restaient parfois pendant des semaines, nous rappelant ces moments de labeur acharné. Mais la joie est toujours au rendez-vous quand on travaille pour une bonne cause.

Il n'est pas nécessaire qu'Amma nous voie travailler pour

que nous recevions sa grâce. C'est une loi cosmique : si vous travaillez uniquement pour servir le gourou, quel que soit l'endroit, quel que soit le lieu, même s'il ne vous voit pas physiquement, vous recevrez sa grâce. Amma nous dit que sa bénédiction se répand automatiquement sur ceux qui travaillent bénévolement et font des efforts ; peu importe qui ils sont.

Au fil des années, il est merveilleux de voir les gens changer. Lors de leur première rencontre avec Amma, beaucoup de dévots ne souhaitent rien d'autre que de s'asseoir à côté d'elle et de la regarder. Puis ils découvrent la béatitude que nous apporte le service désintéressé et ils sont alors prêts à passer plus de temps loin d'elle, à faire le travail nécessaire. D'humbles travaux, dont personne ne veut, les rendent tout aussi heureux que d'autres, jugés plus importants, auprès d'Amma. Quel que soit le travail qui nous est donné, qu'il soit pour nous un moyen de devenir humble, de développer notre *shraddha* (vigilance) et de servir le monde. Si vous avez de l'amour pour Amma et que vous lui offrez votre travail, alors sans nul doute vous recevrez sa grâce.

L'ashram d'Amritapuri s'est développé uniquement grâce à notre amour pour Amma. Elle a confié à bon nombre d'entre nous des responsabilités qui dépassaient de loin nos capacités. Mais par sa grâce, formés et entraînés, nous sommes devenus capables de réaliser le travail. C'est par exemple le fils d'un boulanger qui a dirigé la construction de l'hôpital AIMS sur un terrain complètement marécageux. Il n'avait auparavant aucune expérience dans le domaine de la construction mais Amma l'a guidé, et lui a permis d'édifier ce qui allait devenir un empire médical au service de tous.

Lorsque l'imprimerie de l'asham a démarré, le garçon désigné pour la diriger n'y connaissait rien. Maintenant, l'imprimerie publie des livres et des revues dans toutes les langues, et les distribue en Inde et dans de nombreux pays.

Amma nous dit de travailler dur sans nous soucier du résultat de nos efforts. C'est la sincérité de notre cœur qui est nécessaire. Si nous avons l'attitude juste et le désir de servir, la grâce d'Amma nous permet de réaliser ce souhait.

Je scrute les cieux déserts – mais je ne Te vois pas.
Retenant mon souffle, je me retourne -
Mais Tu n'es pas derrière moi.
Mes larmes sont mes compagnes fidèles
Ensemble nous attendons, espérant un jour Te trouver.
Je demande aux brins d'herbe s'ils T'ont vu passer
Mais en vain.
A quoi sert ma voix
Si Tu n'entends pas mes appels ?
A quoi servent mes yeux
Si jamais ils ne te voient ?
A quoi servent mes mains
Si elles ne peuvent toucher Tes pieds sacrés ?
Où demeures-Tu, mon Bien-Aimé,
Toi qui m'as si cruellement abandonnée ?

Chapitre 10

L'effort et la grâce

« L'effort et la grâce sont liés.
Il est impossible d'obtenir l'une sans l'autre. »
Amma

La grâce du gourou est l'un des dons les plus merveilleux qui soient. Les chercheurs spirituels font de grands efforts pour l'obtenir et bon nombre de difficultés les attendent. Il est impossible de dire exactement sous quelle forme la grâce va se manifester, mais Amma nous a donné de nombreuses indications sur la façon de la mériter. Elle nous assure que sa grâce est *toujours* présente et non pas seulement à certains moments. Toutefois, pour être capables de la percevoir, nous avons notre part de travail à faire. Notre dur labeur agit essentiellement comme un catalyseur qui permet à la grâce de se répandre sur nous.

Nous sommes tous des débutants sur la voie spirituelle. Même après de nombreuses années de pratiques, nous constatons que nous sommes encore loin du but. Pour réaliser Dieu, nos efforts ne suffisent pas, mais la grâce du gourou peut nous donner la libération. Je suis convaincue que si nous menons notre vie selon ces principes, par la grâce du gourou, nous atteindrons le but à la fin de notre vie. Mais nous devons fournir d'immenses efforts. Impossible de rester oisif en attendant passivement que la grâce descende sur nous. Il s'agit de travailler dur pour mériter que le flot de la grâce se répande finalement sur nous.

Pour atteindre ce but, il nous faut détruire toutes nos tendances négatives : la colère, l'avidité, le désir sexuel, l'orgueil etc. Comme il est difficile de se libérer d'une seule de ces tendances ! Efforçons-nous cependant de transcender nos *vasanas* et de devenir vraiment pur. Alors, exactement comme Amma s'est offerte au monde, nous pourrons nous aussi offrir quelque chose de précieux en échange de tout ce que nous recevons.

Amma dit que sans persévérance, il nous est impossible de faire aucun progrès spirituel. La grâce ne se répandra sur nous que si nous faisons des efforts sincères. Nous constatons parfois qu'un petit effort nous permet de recevoir un peu de grâce. Mais pour que la grâce illumine notre vie, il nous faut persévérer sans faillir.

A notre époque, il existe des équipements perfectionnés pour diagnostiquer les maladies. Mais pour que l'on puisse procéder aux examens, le malade doit se préparer, il doit parfois boire une grande quantité d'eau ou bien jeûner. De même, le gourou peut faire beaucoup pour nous, mais à condition que nous y mettions du nôtre.

Lors d'un voyage, nous nous trouvions dans un aéroport et voulions emmener Amma dans une salle d'attente. Amma et celle qui était chargée de son service sont montées dans l'ascenseur mais la jeune femme a oublié d'appuyer sur le bouton, et elles sont restées longtemps dans l'ascenseur immobile avant de comprendre ce qui s'était passé. Ainsi, il est clair que nous ne pouvons pas progresser dans la vie spirituelle sans des efforts constants.

Avec de la persévérance, nos efforts, aussi modestes soient-ils, porteront un jour leurs fruits. Regardez par exemple une plante qui pousse dans la fissure d'un mur. Le ciment paraît beaucoup plus solide que la pousse, mais il peut casser un jour sous la pression constante de la tendre plante. Ainsi, le ciment de notre ego craquera un jour. Il nous suffit de travailler dur, avec patience et discipline.

On raconte au sujet de Beethoven une histoire qui illustre ce point. Il avait donné un brillant récital de piano et beaucoup de gens venaient le féliciter. Parmi eux se trouvait une jeune femme qui lui dit : « Oh, Monsieur, si Dieu m'avait donné votre génie, je serais ravie ! » Beethoven répondit : « Madame, il ne s'agit point de génie ni de magie. Il suffit de vous exercer sérieusement au piano huit heures par jour pendant quarante ans et vous aurez le même talent que moi. »

Un autre exemple est tiré de la vie de Thomas Edison, l'inventeur de l'ampoule électrique. Il a bien dû faire au moins deux mille essais avant de trouver le bon matériau pour le filament. Un jeune journaliste lui a demandé ce qu'il avait ressenti devant des échecs aussi nombreux. Edison a répondu : « Je n'ai pas échoué une seule fois. Il se trouve que l'invention de l'ampoule électrique était un processus en deux mille étapes. »

Edison et Beethoven connaissaient la valeur du travail acharné. C'est pourquoi ils ont pu accomplir tant de choses. Cultivons la même attitude car c'est à cette condition que nous réussirons.

Amma elle-même nous en donne l'exemple parfait. Tout en ayant l'air d'agir toujours avec grâce et facilité, elle fournit en réalité d'énormes efforts. Elle chante des *bhajans* en près de cent langues différentes dont les mots sont parfois difficiles à prononcer. Elle s'y efforce pourtant, parce qu'elle sait à quel point le fait de l'entendre chanter des *bhajans* dans leur propre langue aide ses enfants à ouvrir leur cœur. Amma investit également beaucoup d'efforts dans l'administration de toutes les institutions qui sont sous sa tutelle. Elle donne directement des instructions à chacune d'entre elles. La nuit, elle ne dort pas : elle étudie les lois et les règles dans tous les domaines de la gestion. Elle veut maintenir la tradition des anciens sages et saints qui purent donner énormément au monde grâce à leur renoncement, à leur *tyaga*. Amma dit que le souffle d'un *mahatma* suffit à maintenir le monde en équilibre. Elle ne proclame pas qu'elle est divine, elle montre l'exemple en travaillant avec persévérance et dévouement. Puisque nous avons un corps, nous dit-elle, efforçons-nous d'en faire le meilleur usage possible.

Amma rencontre régulièrement les directeurs de l'hôpital AIMS, aux multiples spécialités. Elle leur dit comment gérer correctement le complexe hospitalier. Elle résoud les problèmes et leur suggère des idées nouvelles touchant l'organisation quotidienne des différentes sections de l'hôpital. Avec les directeurs de ses écoles, elle définit le cursus des élèves et c'est à elle encore que l'on rapporte tous les problèmes qui surgissent dans ses établissements scolaires. Elle dirige la construction des maisons pour les pauvres, donne des directives pour implanter certaines nouvelles techniques de construction et fabriquer des briques plus solides. Elle a expliqué aux menuisiers certaines astuces auxquelles ils n'avaient jamais songé, alors qu'ils avaient été formés à leur profession pendant plusieurs années.

Lorsque nous voyageons en Inde avec Amma, nous voyons toute la fatigue qu'elle s'impose pour donner de l'attention à ceux qui l'accompagnent dans son périple. Elle peut avoir donné le *darshan* pendant quinze heures d'affilée et n'avoir pas dormi depuis lors, quand les véhicules s'arrêtent pour le thé, elle n'en insiste pas moins pour sortir de la voiture et passer un moment avec ceux qui voyagent avec elle. Car il est dans sa nature de donner beaucoup plus que le minimum. Ses efforts sont sans effort car toutes ses actions ont leur source dans l'amour. Tout ce qu'elle fait a pour but de nous donner un enseignement ou de nous rendre heureux.

Lors de notre première visite à Pondichéry, Amma avait une extinction de voix. Elle a pourtant essayé de donner le *satsang* comme elle le fait toujours. N'importe qui aurait fait dire le *satsang* par quelqu'un d'autre mais Amma voulait absolument parler elle-même. Avec son sens de l'humour habituel, elle a tapoté sur le micro et a dit d'une voix cassée : « Montez le son s'il vous plaît. », comme si c'était la sono qui ne marchait pas. Elle a fait un effort immense. Heureusement, au moment des *bhajans*, sa voix était un peu revenue et elle a pu chanter. Dieu l'a sans doute entendue quand elle plaisantait avec la personne chargée de la sono !

Une femme qui vivait auparavant à l'ashram était un bel exemple de cet enseignement d'Amma : aller au-delà de ce que l'on attend de vous. Mère de deux enfants en bas âge, elle était toujours prête à accorder son aide. Lorsqu'Amma est arrivée à Chennai (Madras) cette année-là, nous avions beaucoup de bagages à envoyer en Amérique. Il se trouve que cette jeune femme partait justement pour l'Amérique, et nous lui avons demandé si elle pouvait prendre quelque chose. Elle a réfléchi une seconde, avant de répondre : « Une, deux, trois, quatre… oui, en fait je peux prendre quatre valises ! » Quelle musique pour mes oreilles de l'entendre parler ainsi !

Dans l'avion, un des stewards s'est approché d'elle juste avant le décollage et lui a dit : « Je suis désolé, madame, mais nous avons eu un petit problème et nous avons dû vous faire passer en première classe, vous et vos enfants. » Elle portait sa tenue de travail de l'ashram, et voilà qu'on la conduisait vers l'avant de l'avion. Elle se trouvait bien un peu gênée d'être si mal habillée, mais cela ne l'a pas empêchée d'apprécier le service de la première classe.

L'année suivante, elle est venue à l'ashram avec son mari et lui a dit : « Ecoute, chéri, nous devrions cette fois-ci encore prendre des bagages pour eux. » Il hésitait un peu mais il a fini par accepter. Dans l'avion, le steward est venu leur dire : « Je suis désolé, mais il y a eu un petit problème et nous avons dû vous faire passer en classe affaires. » Et elle, se retournant vers son mari : « Tu vois, parce que tu as hésité à prendre les bagages, cette fois nous ne sommes qu'en classe affaires ! » Donc, n'hésitez jamais à donner un coup de main car en faisant un petit effort supplémentaire, vous découvrirez que vous êtes passé de l'ordinaire au Divin.

Certaines personnes se plaignent que les autres reçoivent la grâce mais pas elles. Selon Amma, le gourou est pareil au soleil qui brille pour tous. Si nous ne voyons pas la lumière, c'est sans doute que nous avons fermé les volets et c'est à nous de faire un effort conscient pour les ouvrir. La lumière rentrera naturellement, parce qu'elle a toujours été là. Si nous gardons les volets clos, inutile de blâmer le soleil en disant qu'il ne nous donne pas de lumière. Il en va de même avec le gourou. Nous ne pouvons pas lui reprocher de ne pas nous accorder sa grâce alors qu'il nous appartient de fournir l'effort nécessaire et d'ouvrir les volets de notre cœur.

Selon Amma, c'est la grâce qui nous permet d'accomplir

la moindre de nos actions. Nous y pensons à peine et nous considérons nos actions quotidiennes comme allant de soi. On dit que le corps possède trois trillions de cellules et que chacune d'entre elles fonctionne par la grâce divine. Mais nous faisons l'erreur de croire que nous sommes celui ou celle qui agit, alors que sans la grâce divine, nous ne pourrions pas bouger un seul muscle. Une des résidentes de l'ashram s'était fait une entorse au pied et ne pouvait plus travailler. Elle m'a confié que ce handicap lui avait fait prendre conscience de la grandeur de la puissance divine. Car elle s'est rappelé l'enseignement d'Amma : sans la grâce divine, nous ne pouvons rien faire. Nous ne le comprenons vraiment que lorsque nous vivons des périodes difficiles et faisons l'expérience de la grâce divine au travers de la guérison.

Certains croient que notre destin est déjà écrit. Pour ces fatalistes, tout ce qui nous arrive est prédestiné et nous ne pouvons rien faire pour améliorer notre situation. Une telle conception de la vie est erronée, nous dit Amma. Ceux qui adhèrent à ces idées finissent en général par quitter la voie spirituelle. S'ils traversent une période difficile, au lieu d'intensifier leurs efforts spirituels, ils ont tendance à abandonner et à blâmer le destin.

Au lieu de désespérer face à notre destin, mieux vaut garder une attitude positive et continuer à faire de bonnes actions. Comme le souligne Amma, si nous avons faim, nous ne nous contentons pas de dire : « Que le destin m'apporte à manger. » Si la nourriture arrive, nous ne restons pas passifs en disant : « Que le destin me mette la nourriture dans la bouche. » Nous prenons la nourriture, nous la mettons dans la bouche et nous mangeons. Ainsi, ne rejetons pas la faute sur le destin et n'allons pas imaginer que l'absence de grâce est le résultat de la fatalité. Utilisons notre volonté et faisons tout ce que nous pouvons pour nous mettre en harmonie avec le Divin. C'est l'effort que nous fournissons qui crée notre destinée, essayons donc toujours d'agir de manière positive et résolue.

Amma nous donne la force d'affronter les situations difficiles. Nos efforts sincères alliés à la grâce du gourou peuvent nous permettre de surmonter n'importe quelle difficulté.

Un dévot européen de longue date m'a raconté son histoire, très émouvante. Sa femme avait vu Amma porter un sari orange pendant le Devi *Bhava* en Suisse et elle avait été transportée par la beauté de ce sari. A Munich, voyant que le sari était en vente, elle a demandé à son mari de le lui acheter. Il finit par y aller, quoiqu'un peu inquiet à l'idée du prix ! Mais il est quand même allé l'acheter. Voulait-il aussi la blouse ? Il est retourné poser la question à sa femme, qui, bien sûr, a dit oui ! Quand Amma a su qu'elle voulait acheter ce sari et la blouse assortie, elle a donné son accord, mais à condition qu'elle les porte ! D'abord un peu catastrophée à cette idée, l'épouse finit par accepter. Elle mit la blouse et le sari et se prépara à aller au *darshan* avec son mari. Quand ils arrivèrent près d'Amma, celle-ci s'exclama et complimenta la femme sur sa beauté. Puis elle dit : « Je vais vous marier tous les deux ! » Le mari en fut un peu choqué car ils étaient déjà mariés. Mais Amma insista pour faire la cérémonie.

Six mois plus tard, sa femme mourut soudainement d'une crise cardiaque. Il la tenait dans ses bras et quand il sentit qu'il n'y avait plus de pouls, il lui dit : « Ne reste pas avec moi, va ! », tout en faisant un geste signifiant à son esprit d'être libre et de s'élever. Connaissant la nature éphémère du corps, sachant que seul l'*atman* est éternel, il comprenait que le moment était venu pour elle et ne voulait pas retenir son esprit. En l'écoutant raconter son histoire, j'ai été impressionnée par le fait qu'il ait pu se détacher d'elle à ce moment-là. Il a été capable d'agir de manière juste et de la laisser partir.

L'amour d'Amma, m'a-t-il confié, comble maintenant le vide laissé par l'absence de sa femme. Par la grâce d'Amma, il a pu se souvenir de l'impermanence du monde au moment adéquat. Ce dévot se rappelait bien sûr la cérémonie de mariage accomplie par Amma quelques mois plus tôt. Le fait que sa femme porte un sari orange lui paraissait signifier qu'Amma lui avait donné *sannyas* avant sa mort. Amma lui a dit ensuite que sa femme n'aurait plus à renaître, qu'elle s'était fondue dans le *paramatman*. Son récit était très émouvant et il était très touchant de voir en lui l'abandon de soi-même qui lui avait apporté la paix, au travers de la mort de sa femme.

Quand il se produit dans le monde des événements terribles, certains blâment Dieu pour Sa cruauté. Rappelons-nous que la souffrance n'a pas pour origine la cruauté de Dieu mais les actions que nous avons commises dans le passé. Tout se déroule selon la loi du *karma*. Selon Amma, la vie est composée de deux éléments : accomplir des actions et récolter le fruit de ces actions. Si nous avons mal agi dans le passé, libre à nous de rester à nous morfondre, l'humeur sombre, tandis que nous faisons les expériences qui résultent de ces actes passés ou bien de faire de bonnes actions dans le présent, pour que notre futur soit plus lumineux.

Amma ne cesse de répéter *kripa rakshikatte* c'est-à-dire « puisse la grâce nous sauver ». Elle sait que tout dépend de la grâce. Dans le monde entier, les gens ont fait l'expérience de la grâce d'Amma. Il y a eu des guérisons. De nombreux dévots ont échappé à des accidents ou même à la mort. La grâce du gourou est si puissante qu'elle finira par accomplir le miracle ultime en chacun de nous. Elle peut accomplir l'impossible. Cette grâce est notre seul refuge, le seul dont nous ayons besoin.

Toi dont la forme est enchanteresse
Mon cœur t'appartient à jamais.
Déchirée entre deux mondes, que vais-je faire ?

Ne peux-tu rompre ces entraves
Qui me retiennent loin de toi ?
Je ne désire ni la libération ni l'immortalité
Cela, tu peux l'accorder à d'autres.

Je désire seulement me perdre en Toi
Ivre de béatitude, contemplant Ta forme à jamais
Mes yeux ne seront jamais las de boire Ta beauté
A chaque instant fraîche et neuve
Dans sa splendeur et son amour.
Transforme ce rêve en réalité ;
Ma vie était-elle destinée à autre chose ?
Je sais au fond de moi
Que ceci est la vérité.

Chapitre 11

L'abnégation et l'humilité

« Vous êtes destinés à vous élever vers les sommets
Pour planer dans les vastes cieux de la spiritualité.
Pour cela, vous avez besoin des ailes de l'abnégation et de l'amour.
L'occasion d'aimer et de servir autrui
Devrait être considérée comme un don précieux,
Une rare bénédiction donnée par Dieu. »

Amma

Une histoire tirée de la tradition bouddhiste illustre le pouvoir de l'abnégation. Il était une fois un roi qui avait trois fils. Le troisième était un garçon au cœur particulièrement plein d'amour et de compassion. Le roi et sa famille partirent un jour en pique-nique et dès leur arrivée, les princes allèrent jouer dans les bois. Ils s'enfoncèrent dans la forêt et quel ne fut pas leur émoi de découvrir une tigresse qui venait juste de donner naissance à des petits. Epuisée par la faim, elle s'apprêtait apparemment à manger ses bébés.

Le petit garçon demanda à ses frères : « Que faudrait-il donner à la tigresse pour qu'elle ne meure pas de faim ? » « De la viande fraîche ou du sang » répondirent-ils. « Mais où trouver cela ? Quelqu'un est-il prêt à se sacrifier pour la nourrir de sa chair et de son sang et lui sauver la vie ainsi qu'à ses petits ? » Ses frères haussèrent les épaules sans répondre.

Profondément touché par la détresse de la tigresse et de ses petits, le jeune garçon songea : « Il y a si longtemps que j'erre, inutile, dans le cycle du *samsara*, vie et mort alternant san cesse. Mû par les désirs, la colère et l'ignorance, je n'ai pas fait grand chose pour aider les autres êtres de la création. Voici enfin une belle occasion. »

Il dit à ses frères de continuer sans lui, qu'il les rejoindrait plus tard. Doucement, il retourna auprès de la tigresse et s'allongea sur le sol pour s'offrir en pâture. Mais la tigresse était si faible qu'elle ne pouvait même pas ouvrir la gueule. Alors le garçon prit un bâton pointu et se fit une entaille. Le sang gicla, la tigresse le lécha ce qui lui donna la force d'ouvrir les mâchoires et de le manger. Par ce sacrifice extraordinaire, le garçon réussit à sauver la vie de la tigresse et de ses petits.

D'après l'histoire, que beaucoup de bouddhistes tiennent pour vraie, le garçon reprit naissance et grâce aux mérites dus à cet acte de compassion, il progressa rapidement vers l'illumination et devint enfin le Bouddha.

L'histoire ne se termine pas là. Cet acte d'abnégation n'a pas seulement accéléré son progrès spirituel, il a aussi purifié la tigresse et ses petits de leur *karma* et il a même détruit la dette karmique qu'ils auraient normalement eue envers lui, puisqu'il leur avait sauvé la vie. Ce sacrifice était si grand qu'il avait créé un lien karmique bénéfique et durable. La tigresse et ses petits reprirent naisssance sous forme humaine ; ils devinrent les cinq premiers disciples du Bouddha, les toutes premières âmes à recevoir son enseignement après qu'il eut atteint l'illumination.

Tel est le pouvoir de l'abnégation. Amma essaie contamment de nous apprendre à mener une vie de sacrifice. Comme la bougie brûle pour donner de la lumière, comme le bâton d'encens se consume pour offrir son parfum, Amma désire que nous consacrions notre vie entièrement au service du monde.

Bien sûr, elle ne nous dit pas d'aller au zoo et de rentrer dans la fosse aux lions pour imiter ce garçon ! Ce genre de sacrifice n'est pas vraiment nécessaire de nos jours. La vie nous offre bien assez d'occasions de sacrifier notre ego au service des autres.

Il n'est pas si difficile de devenir moins égoïste. Il suffit de faire passer les autres avant soi et d'essayer de les aider dans toute la mesure du possible. Si nous mettons en pratique ces règles de base, nous sommes déjà sur la voie de l'abnégation. La vie spirituelle ne consiste pas à psalmodier parfaitement des mantras sanscrits ni à rester immobile dans la posture du lotus pendant des heures. En réalité, la base d'une vie spirituelle réussie, c'est de devenir plus simple, plus gentil, plus serviable. Efforçons-nous de devenir des êtres humains dignes de ce nom et cultivons dans notre vie quotidienne ces qualités fondamentales, alors, toutes les nobles vertus s'épanouiront en nous.

Que vous ayez une famille ou que vous viviez dans un ashram, l'abnégation est une vertu indispensable sur la voie spirituelle. Ceux qui mènent une vie de famille ont beaucoup de chance car de nombreuses occasions s'offrent tout naturellement à eux de développer cette vertu d'abnégation. S'ils veulent que le bonheur règne dans leur foyer, ils doivent apprendre à penser aux autres avant de penser à eux-mêmes. Une mère pense toujours d'abord à son enfant. Même malade, elle se passe de nourriture ou de sommeil pour s'occuper de lui. Les parents sont naturellement entraînés à l'abnégation. Il leur suffit d'appliquer à la vie spirituelle les leçons qu'ils ont apprises.

Un des moines d'Amma a assisté à une scène émouvante

qui illustre bien l'abnégation maternelle. Il était dans le train et une mère accompagnée de ses neuf enfants est montée dans son compartiment. Visiblement, ils étaient très pauvres et elle semblait mal nourrie. Il lui a donné une partie des provisions qu'il avait emportées pour son voyage. Elle a tout distribué à ses enfants, sans rien garder pour elle. Le fait que ses enfants aient eu un peu à manger semblait suffire à son bonheur. Alors il a remarqué que le tout petit, qui était sur ses genoux, la regardait avec beaucoup d'amour. Il tenait un peu de nourriture à la main et soudain il a levé le bras et l'a mise dans la bouche de sa mère. Il semblait au *brahmachari* que la main de Dieu nourrissait ainsi cette mère au travers de son propre enfant. Quand nous développons cet amour désintéressé, Dieu prend toujours soin de nous.

Au début, la plupart des gens viennent voir Amma pour recevoir son amour, ses étreintes, ses baisers. La plupart des dévots découvrent ensuite que sa grâce et son amour se répandent avec plus d'abondance sur eux s'ils décident de donner au lieu de prendre. Le vrai bonheur résulte du don de soi. Plus nous donnons, plus nous recevons, c'est une loi cosmique. C'est quand nous faisons passer les autres avant nous que nous connaissons la paix véritable. Agir ainsi nous procure beaucoup plus de joie. Tout le monde recherche le bonheur, mais c'est en cessant de rechercher des plaisirs égoïstes et en réfléchissant au contraire à ce que nous pouvons faire pour les autres que nous trouverons un réel bonheur. Cette joie authentique naît à condition de ne rien demander en échange de notre service. Même si nous comprenons les principes spirituels, tant que nous sommes centrés sur nous-mêmes, il est difficile de trouver le bonheur. Alors autant nous entraîner à être heureux en apportant la joie aux autres.

Il y a quelques années, des Jeux Olympiques d'un genre particulier se sont déroulés à Seattle. Les participants étaient des enfants physiquement ou mentalement handicapés. L'une des épreuves était la course du cent mètres et neuf enfants y participaient. On donna le coup d'envoi et les neuf enfants se mirent à courir. Au milieu du parcours, un des enfants trébucha, tomba et se mit à pleurer. En l'entendant pleurer, les huit autres concurrents ont ralenti. Un par un, ils se sont arrêtés et ils ont fait demi-tour pour aller l'aider. Une petite fille trisomique s'est penchée sur lui et l'a embrassé en disant : « Ca ira mieux avec un baiser. » Puis ils se sont tous pris par le bras et ils ont marché ensemble jusqu'à la ligne d'arrivée. Tous les spectateurs se sont levés pour les acclamer pendant dix minutes.

Au lieu de *chercher* l'amour, essayons de *donner* de l'amour. Si nous attendons que les autres nous prodiguent de l'amour, nous serons toujours malheureux. Mais si nous témoignons à tous autant d'amour que nous le pouvons, nous serons immédiatement plus heureux. Au lieu de nous demander ce que nous pouvons prendre en ce monde, interrogeons-nous pour savoir ce que nous pouvons offrir. Alors nous commencerons à ressembler à Amma car c'est ainsi qu'elle vit. Elle est l'exemple parfait de l'abnégation. L'amour coule d'elle comme d'une rivière parce qu'elle est la source, elle est l'amour même. Elle n'essaie d'obtenir l'amour de personne car elle en est toujours comblée ; et comme elle en donne sans cesse, nous ne pouvons pas nous empêcher de l'aimer.

Si nous l'observons pendant le *darshan,* nous voyons qu'elle pétille de joie. Tout en prenant les gens dans ses bras, elle donne des instructions. « Faites bien attention à faire passer les personnes âgées en priorité. Vérifiez que l'on distribue bien de l'eau potable à tout le monde. Il y a dans la salle un vieil homme

qui a besoin d'aide pour venir au *darshan.* » Elle se préoccupe constamment des besoins des autres et rien de ce qui se passe dans la salle ne lui échappe. Elle est toujours consciente de ce qui se passe autour d'elle, dans toutes les directions, sur 360 degrés. Quant à nous, au contraire, nous faisons à peine attention à ce qui se déroule devant notre nez. Si nous pensons à quelqu'un, il s'agit la plupart du temps de nous-mêmes. Amma pense à tout le monde sauf à elle.

Le Président de l'Inde, Dr. A.P.J. Abdul Kalam, accorde lui aussi une grande considération aux autres. Il avait invité Amma à lui rendre visite au palais présidentiel à New Delhi, Rashtrapati Bhavan. Plusieurs d'entre nous accompagnaient Amma lors de cette visite et bien qu'il s'adressât essentiellement à elle, il eut la grande politesse de regarder chacun d'entre nous. Il était attentif à tous, pas seulement à elle, et son affabilité nous a donné le sentiment d'être des invités d'honneur.

Lors d'une autre visite au palais présidentiel, Amma est sortie de la voiture sans ses chaussures, que j'ai laissées dans la voiture en pensant qu'elle n'en aurait pas besoin. Après avoir accueilli Amma et avoir conversé un moment avec elle, le président l'a invitée à se promener dans les magnifiques jardins qui entourent le palais. Nous étions inquiets à l'idée qu'Amma allait marcher pieds nus mais elle a déclaré qu'ayant grandi dans un village, elle y était habituée. Le président a répliqué qu'il ne porterait pas ses chaussures non plus et il s'est exclamé : « Amma, moi aussi j'ai grandi dans un village ! » En les regardant marcher tous les deux pieds nus au milieu des fleurs et des arbres, j'ai songé combien il est important de rester simple, quelle que soit notre situation sociale et notre statut.

Aspirons à développer une telle humilité. Nous apprendrons ainsi à nous montrer courtois et gracieux, à être plus conscients des besoins des autres. Essayons toujours de prendre en compte les sentiments des autres et d'examiner soigneusement quelles seront pour eux les conséquences de nos actions.

On dit souvent que l'humilité du gourou est telle qu'il est difficile de le distinguer des disciples. C'est certainement vrai dans le cas d'Amma. En août 2000, nous avons assisté au Sommet pour la Paix des chefs religieux et spirituels, organisé aux Nations-Unies à New York, à l'occcasion du nouveau millénaire. Pendant deux jours entiers, des orateurs sont venus prononcer des discours et le devoir voulait que nous les écoutions. C'était long. Le deuxième jour, Amma ayant prononcé son allocution, nous étions contents d'en avoir terminé avec nos obligations. Nous avions jeûné toute la journée et nous nous réjouissions de rentrer enfin dans la luxueuse chambre d'hôtel qui nous avait été offerte. Du moins, c'était mon cas. Les swamis avaient quitté la salle et il ne restait plus qu'Amma et moi, assises au milieu de la foule à écouter des discours.

Connaissant l'extrême politesse d'Amma et pensant qu'elle ne prendrait pas l'initiative de partir, j'échafaudai un plan de fuite. Je me levai en pensant qu'elle se montrerait un bon gourou, obéissant, et me suivrait. Mais j'eus beau me lever, elle restait assise, attentive aux discours des autres participants. Elle applaudissait avec les autres et paraissait trouver les discours en anglais et dans les autres langues, incompréhensibles pour nous, terriblement intéressants. Elle m'ignorait complètement.

Je fis une deuxième tentative en disant cette fois : « Amma, nous pouvons partir maintenant ! » Je pensais : « Cette fois, si je sors du rang pour aller dans l'allée, il faudra bien qu'elle me suive. » J'ai donc pris mon sac et je me suis frayé un passage jusqu'à l'allée. Mais Amma est restée profondément concentrée sur le discours du moment, qui était, je crois, en coréen, et elle a continué à m'ignorer. Elle savait que l'action juste était d'écouter ce discours, même si nous ne le comprenions pas. J'ai accepté d'avoir l'air d'une idiote à force de me lever et de me rasseoir. Je me suis assise dans l'allée avec mon sac en attendant qu'Amma se décide à partir. Au moment qu'elle jugeait approprié, elle s'est levée gracieusement pour sortir. Et comme il se doit, je l'ai suivie.

Un autre incident révélateur s'est produit alors que nous étions à l'aéroport de Washington DC. Les mesures de sécurité étaient alors extrêmement sévères et les employés choisissaient parfois au hasard certaines personnes pour une fouille suplémentaire. Ce jour-là, ils ont choisi Amma et je l'ai accompagnée pour servir d'interprète.

La personne de la sécurité était une femme plutôt baraquée aux manières abruptes. Amma s'était assise. Elle lui dit de se lever. Je parle un peu malayalam mais pas couramment, et il me fallut faire un effort pour trouver comment dire poliment à Amma de se lever : « Levez-vous ! ». Mais le mot qui sortit de ma bouche, fut un mot que j'avais souvent entendu « *erenekke* » dont le sens littéral est « Debout ! ». C'est un mot très familier qu'on emploie en parlant à des personnes plus jeunes ou d'un statut social inférieur. Ce n'est sûrement pas en ces termes que l'on s'adresse à un gourou ! Je me suis rendu compte après coup que je m'étais montrée impolie envers Amma. Mais, comme elle n'a pas d'ego que l'on puisse blesser, cela ne l'a pas affectée. L'employée de la sécurité lui demanda ensuite de se mettre sur une jambe, les deux bras en l'air, « comme dans une pose de danse classique ». Comment dire « pose de danse classique » en malayalam ? Amma connaissait-elle la danse classique ? J'eus alors l'idée de traduire : « posture de yoga » et Amma s'exécuta gracieusement. En passant son détecteur d'objets métalliques sur le corps d'Amma, la femme s' adoucit. « Comme elle est belle ! » s'exclama-t-elle. Partout où nous allons, les gens se rendent compte que cette petite femme vêtue de blanc a quelque chose de très spécial.

Le reste du groupe qui voyageait avec Amma observait la scène à distance et recevait la leçon d'humilité qu'elle leur donnait. N'importe qui d'autre, à la place d'Amma, aurait dit : « Vous ne savez donc pas qui je suis ? » Mais Amma s'est contentée de sourire gentiment et avec patience, elle a permis à cette femme d'avoir son *darshan* de cette manière. Une fois de plus, elle nous montrait par l'exemple les qualités divines que nous devons nous efforcer de cultiver.

Amma nous conseille de regarder la vaste étendue du ciel ou de la mer chaque fois que notre ego lève la tête et proclame son importance. Nous verrons alors à quel point nous sommes insignifiants. La vraie grandeur se mesure à l'humilité. Au lieu de nous gonfler d'importance, mieux vaut prendre conscience de notre petitesse au sein de cet univers infini. Selon Amma, quand nous nous faisons plus petits qu'une souris, nous devenons plus grands que toute la création.

Les êtres humains ont tendance à croire que notre espèce occupe la place la plus élevée dans l'échelle de la création. Pourtant, nous pouvons apprendre d'innombrables leçons de la nature. Les arbres nous enseignent l'abnégation. Le cocotier nous fait le don entier de lui-même. La chair de la noix de coco se consomme et le lait de coco est un breuvage très nourrissant. En Inde, la coque et les feuilles servent de combustible et à partir des fibres de la coque, on fabrique du chanvre. Les feuilles de cocotier sont tressées pour en faire des nattes, pour couvrir les maisons. On en fait aussi des balais. Le bois est utilisé dans la construction des maisons et des clôtures. L'arbre donne toute sa force de vie, sans rien attendre en échange et cela même si nous gravons nos initiales dans son écorce ou essayons de l'abattre. A la vue d'un amour aussi désintéressé, notre propre vie nous fait honte.

Voyez tout le mal que la terre se donne pour nous nourrir, sans jamais se plaindre. Prenez simplement une assiette de riz, d'épinards, de lentilles et de légumes. Combien de matières nutritives a-t-il fallu à la terre pour faire pousser ce riz, que de labeurs et d'efforts pour le cultiver et le vanner ? Combien de gouttes de pluie, si précieuses, et de rayons dorés du soleil, a-t-il fallu pour que les légumes poussent ? Combien d'énergie la vache a-t-elle dépensé pour manger de l'herbe, qui avait poussé pendant des semaines ? Tout cela se transforme miraculeusement en lait, qui devient notre yaourt. L'univers nous donne tant, et cela pour un seul repas que nous mangeons en quelques minutes ! Y pensons-nous jamais ?

Comme notre Mère la Nature, Amma se sacrifie pour nous enseigner comment vivre dans l'attitude juste et comment servir le monde avec abnégation. La vie d'Amma a toujours été un don continuel, sans jamais rien prendre, sinon la peine et la souffrance de ceux qui lui offrent leur douleur. Le poète Hafiz a écrit :

Jamais le soleil ne dit à la terre
« Tu me dois ».
Voyez l'effet d'un tel amour :
Il illumine le vaste ciel.

Amma apporte tant de joie au monde, et à nous aussi ! Si nous avons pour habitude de donner au monde, il prendra soin de nous. On en trouve des exemples dans la vie d'Amma. Quand elle était jeune, elle dormait dehors, par terre, ou bien enfoncée dans la boue des étangs qui entouraient la maison familiale. Elle vivait parfois pendant des mois en ne mangeant que quelques feuilles de tulasi. Elle ne cherchait jamais de nourriture mais Mère Nature pourvoyait à ses besoins. Des animaux lui apportaient à manger. Un aigle laissait tomber du poisson sur ses genoux, un chien lui apportait des paquets de nourriture qu'il portait dans sa gueule, une vache venait la trouver et se couchait de manière à ce qu'elle puisse boire le lait à même son pis. Amma raconte que, quand elle versait des larmes en appelant Dieu pendant des heures, des perroquets venaient pleurer avec elle. Toute la nature faisait écho à sa quête de l'union avec le Divin. La compassion des animaux contrastait fortement avec l'attitude de sa famille, qui la considérait comme folle. Aujourd'hui encore nous trouvons parfois d'étranges offrandes sur les marches qui mènent à sa chambre ou sur le paillasson. Amma dit que ce sont les animaux qui laissent ces cadeaux pour elle.

Contrairement à la nature qui nous donne constamment, la tendance des êtres humains est de prendre toujours, en demandant toujours plus, mais sans donner grand chose en échange. Nous avons une énorme dette karmique envers la nature, envers le monde, envers les gens qui souffrent partout sur cette terre. La seule manière de rembourser cette dette est de faire de notre mieux pour apprendre ce qu'Amma nous enseigne, elle qui fait tant pour aider tous les êtres.

Il s'agit de nous libérer de notre attitude égoïste. Le monde actuel a besoin de gens qui travaillent avec abnégation pour aider l'humanité qui souffre. Les beaux discours et les bonnes intentions ne suffisent pas. Suivons l'exemple d'Amma et joignons l'action à la parole, autant pour notre paix intérieure que pour le bien du monde.

La vie d'Amma est l'image même de l'abnégation. Il nous est impossible de marcher exactement sur ses traces mais nous pouvons au moins nous efforcer d'assimiler une fraction de l'esprit de sacrifice et de l'amour parfait qui émanent d'elle. Ainsi, nous deviendrons un jour nous aussi une bénédiction pour le monde.

On ne peut pas dire que la santé d'Amma ait jamais été très bonne. Souvent, les gens l'implorent de se guérir. Amma répond qu'elle a fait l'offrande d'elle-même au monde et qu'un don ne doit jamais être repris. Elle qui a guéri tant de gens ne se préoccupe jamais de sa propre santé. Sa prière a toujours été de pouvoir rendre le dernier souffle en consolant quelqu'un dont la tête reposerait sur son épaule. Et c'est certainement ce qui arrivera.

Je T'offre tout,
mais mon esprit, ce traître
s'esquive et retourne dans le monde.

Mon cœur pleure et se languit de Toi
Mais le monde me retient.
Quelle vie misérable !

Avant de Te trouver,
J'ai commis tant de péchés
Maintenant je veux m'agripper
A Tes pieds de Lotus
Mais mes péchés m'éloignent de Toi.

Je veux me noyer en Toi, Océan de Miséricorde,
Mais je suffoque au milieu de mes larmes.
Maya me tient si fermement,
Je T'en prie, fais qu'elle lâche prise !

Chapitre 12

Le renoncement

« A la source d'une bonne cause
On trouve toujours quelqu'un
Qui a renoncé à tout
Et lui a consacré sa vie. »

Amma

J'ai un jour demandé à Amma : Qu'est-ce que le véritable détachement (*vairagya*) ? » Elle a dit : « Se boucher le nez quand il y a une mauvaise odeur. » Sa réponse m'a choquée parce que je m'attendais à l'opposé. Elle voulait dire, semble-t-il, qu'il ne s'agit pas d'accepter les mauvaises odeurs en pensant constamment : « Comme je suis avancé sur la voie spirituelle ! Je suis capable de supporter cette mauvaise odeur ! » En fait, nous devrions avoir le discernement nécessaire pour nous boucher le nez et éviter de respirer les odeurs nauséabondes. Amma m'enseignait par cette réponse que le véritable renoncement (*vairagya*) nous donne la connaissance nécessaire pour accomplir l'action juste, à l'endroit juste, au moment juste. Mais combien d'entre nous sont capables d'un tel détachement ?

Notre paix intérieure est fragile ; toujours en proie à l'attraction ou à la répulsion, nous sommes dans l'impossibilité de goûter une paix constante. La cause de toutes nos souffrances, ce sont les désirs que nourrit notre esprit. Essayons donc de rester détachés en empêchant l'esprit d'aller vers ce qui l'attire si fort. Jamais nous ne connaîtrons de joie ni de paix constantes tant que nous n'aurons pas transcendé tous nos désirs. Amma est établie dans cet état sans désirs et grâce à la parfaite maîtrise qu'elle a d'elle-même, elle a pu accomplir des choses extraordinaires et rendre de grands services à l'humanité.

Elle nous montre que la vraie source du bonheur ne se trouve pas dans le monde, mais à l'intérieur de nous. A nous de la découvrir. Si nous pratiquons le renoncement, nous serons capables de vivre dans le monde et même de l'aimer sans avoir l'illusion que ses objets nous apporteront la paix ou le contentement. Une fois que nous avons compris cette vérité, nous sommes prêts à entreprendre le voyage intérieur, en quête de la paix.

La vie d'Amma est un exemple parfait de renoncement, et nous en donne constamment des leçons. Une année, nous avons découvert en arrivant à l'ashram de Bangalore,que les dévots avaient construit une belle chambre pour Amma. Nous avons emprunté l'escalier, mais quand Amma a vu le marbre vert qui avait été posé sur les marches, elle s'est mise très en colère et s'est assise à mi-chemin. A la vue de cet escalier luxueux, elle imaginait que la chambre était encore plus extravagante. Même en Inde, le marbre est cher. Elle était indignée à l'idée de ce gaspillage : tant d'argent gaspillé pour faire une chambre magnifique qu'elle n'utiliserait que deux jours par an, alors qu'il aurait pu être dépensé pour aider les pauvres !

En tant que chercheurs spirituels, nous dit elle, nous ne devons pas songer à notre propre confort, mais chercher à couler comme une rivière. Quand la rivière rencontre un obstacle comme par exemple la racine d'un arbre, elle coule gentiment tout autour. Soyons comme la rivière qui change son cours, apprenons à nous adapter aux défis et aux obstacles que nous rencontrons. En acceptant des situations inconfortables, entraînons -nous à nous contenter de ce que Dieu nous donne, et soyons certains que tout ce dont nous avons réellement besoin ou tout ce que nous méritons viendra à nous sans que nous le demandions. En voyage, Amma nous enjoint de faire en sorte que nos hôtes ne se dérangent pas pour nous et de ne rien leur demander. Nous ne devons pas créer de difficultés supplémentaires aux autres et nous satisfaire de ce que nous recevons.

Quand nous voyageons avec elle autour du monde, nous passons souvent des nuits blanches, changeant de ville ou de pays tous les deux ou trois jours après un programme qui a duré toute la nuit. Parfois, nous n'avons pas le temps de boire ni de manger dans la journée. Les visiteurs qui viennent voir Amma voient ce que nous faisons, le dur travail et le manque de sommeil, et ils ne comprennent pas comment nous pouvons endurer tout cela. C'est uniquement grâce à notre amour pour elle. L'amour nous donne la force d'accomplir n'importe quelle tâche.

A Amritavarsham 50, il y avait non seulement des centaines de milliers de dévots indiens mais aussi plus de trois mille personnes venues de différents pays pour assister à ces quatre jours de conférences et de programmes culturels organisés en l'honneur du cinquantième anniversaire d'Amma. C'était pour nombre d'entre eux la première visite en Inde. Certains ont trouvé les conditions difficiles mais en regardant l'expression des visages, on ne s'en serait jamais douté. Tout le monde rayonnait de joie. Beaucoup d'entre nous n'ont pas dormi ou pas mangé pendant des jours, et pourtant cela a été le plus beau moment de notre vie. Par amour pour Amma, les gens sont restés assis pendant des heures dans la chaleur et sous le soleil brûlant. Ils étaient heureux de sacrifier le confort de leur vie ordinaire pour participer à cet événement unique. Lorsque nous célébrons notre anniversaire, nous recevons des cadeaux et nous sommes le centre de l'attention. Mais pour Amma, c'était un prétexte pour rassembler les dévots et prier pour la paix et l'harmonie dans le monde.

Certains tombent si amoureux d'elle qu'ils abandonnent tout pour suivre autour du monde « Celle qui dérobe les cœurs ». De nombreux Occidentaux sont même venus vivre auprès d'elle en Inde. Au fil des années, Amma transforme la vie de ses dévots. Ils avaient peut-être auparavant un travail bien payé et un style de vie luxueux, mais tout cela a perdu son importance en comparaison de la paix intérieure qu'ils ont trouvée en menant une vie simple aux pieds d'un *mahatma*. Et de nombreux dévots qui vivent loin d'elle ont choisi de consacrer leur temps et leurs capacités au service bénévole et participent à ses œuvres caritatives en différents endroits du monde. J'ai constaté par moi-même à quel point le contact avec Amma les a transformés. C'est qu'ils ont assimilé son enseignement et le mettent en pratique.

En 2003, pendant le tour du sud de l'Inde, nous sommes allés dans la ville de Rameshwaram. Il y avait au moins vingt mille personnes et le *darshan* a duré toute la nuit et une bonne partie de la journée suivante. En fin de matinée, quand elle eut terminé, Amma choisit de voyager dans la voiture au lieu de prendre le camping-car qu'elle utilise habituellement. Personne ne s'y attendait. Elle n'avait ni dormi ni mangé depuis la veille, ce qui est toujours une expérience difficile pour nous mais ne représente rien de nouveau pour Amma. Dans la voiture, elle

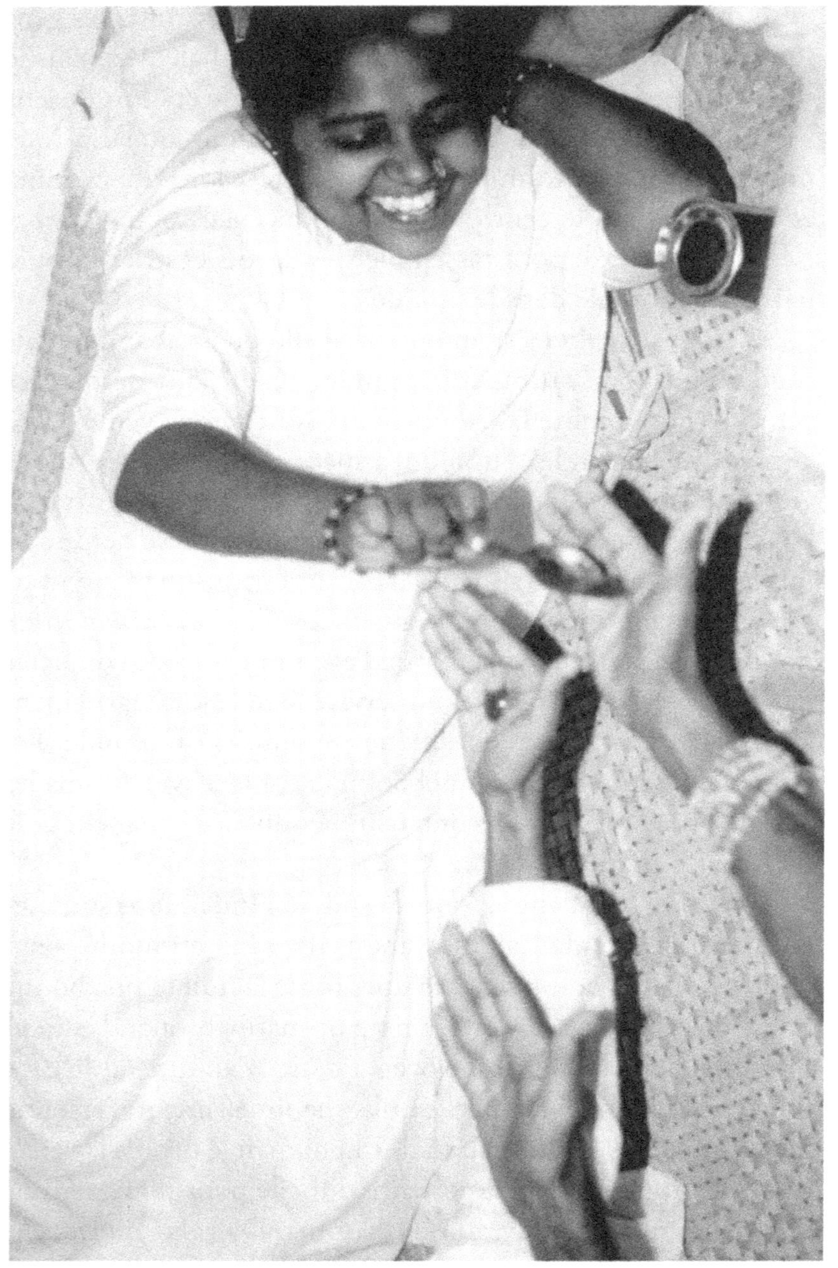

a dit qu'elle avait un peu faim mais la nourriture qui avait été préparée pour elle se trouvait dans l'autre véhicule et elle n'a pas voulu s'arrêter pour la prendre. A un moment, nous nous sommes arrêtés à un passage à niveau. Un jeune garçon vendait une sorte de légume ou de racine. Comme Amma était curieuse de savoir ce que c'était, le conducteur de la voiture a trouvé deux roupies dans sa poche pour en acheter deux. C'était à moitié cuit, très fibreux et légèrement amer mais après y avoir goûté, Amma a décidé que ce serait son repas pour la journée. Elle nous en a offert un peu comme *prasad* et a mâchonné le reste.

Elle n'avait ni dormi ni mangé depuis plus de vingt-quatre heures, mais elle ne désirait pas de lit ni de repas. Une voiture et un en-cas à deux roupies lui suffisaient. Amma peut être heureuse dans n'importe quelles circonstances parce que son bonheur trouve sa source à l'intérieur et ne dépend pas du monde extérieur.

Chercher la paix et le bonheur dans le monde extérieur revient à creuser un trou dans le désert en espérant trouver de l'eau pour apaiser notre soif. Nous aurons beau creuser pendant des années, jamais nous ne trouverons d'eau. Si par miracle nous en découvrons, cette eau sera probablement saline et ne fera qu'augmenter notre soif. Amma apaise notre soif en nous enseignant à trouver le contentement à l'intérieur.

Il était une fois un homme qui avait amassé une grande fortune et vivait dans le plus grand luxe. Au moment où il ouvrait la portière de sa Mercedes, un camion qui arrivait à toute vitesse l'arracha. Un policier arrive sur les lieux et trouve l'homme fumant de rage, absolument furieux qu'on ait endommagé sa précieuse voiture.

« Est-ce que vous êtes fou ? lui dit le policier, vous êtes si obnubilé par votre belle voiture que vous n'avez pas remarqué que la camion vous a arraché le bras gauche ! »

« Oh non ! s'écria l'homme en regardant du côté du bras manquant, où est ma Rolex ? »

Quand nous comprenons que le bonheur ne se trouve pas dans les objets extérieurs ni dans les plaisirs des sens, nous cessons de gaspiller notre argent en achetant des choses inutiles et nous l'employons à aider les pauvres.

Parmi les enfants qui ont connu Amma très jeunes, beaucoup ont assimilé cette leçon si importante. Cette année, en Europe, un jeune garçon suisse très doué pour la flûte traversière a remporté un concours national. Mais il n'a pas voulu garder l'argent qu'il avait ainsi gagné, et l'a donné aux oeuvres caritatives, car il avait le sentiment que cet argent appartenait à Amma, que c'était elle qui jouait de la flûte à travers lui. Amma a été très touchée de son attitude. La petite sœur du garçon se réjouissait du succès de son frère, mais elle était triste de ne rien pouvoir offrir. Quand elle est allée au *darshan,* Amma lui a dit qu'elle pouvait elle aussi apprendre à jouer d'un instrument, peut-être gagner un prix et aider les enfants pauvres. Une semaine plus tard, c'était l'anniversaire de la petite et ses grand-parents lui ont donné un peu d'argent pour s'acheter des glaces. Mais au lieu de dépenser l'argent pour elle-même, elle est allée au *darshan* et a insisté pour le donner à Amma, afin d'aider les pauvres. Amma a accepté son offrande et le désir de la petite fille a été exaucé.

Dieu n'a besoin de rien, car Il est plénitude. Que pourrions nous Lui offrir ? En revanche, tant de gens en ce monde souffrent et ont besoin de notre aide ! Il y a un grand bénéfice spirituel dans le fait de les servir. Notre cœur s'ouvre et nous devenons plus compatissants.

Parmi les milliers de personnes qui viennent voir Amma chaque jour en Inde, il y en a peut-être vingt pour cent qui sont à l'aise et n'ont besoin de rien. Trente pour cent réussissent à avoir juste le nécessaire, mais rien de plus. Et les cinquante pour cent qui restent survivent dans de grandes difficultés, manquant souvent de nourriture, de soins médicaux et d'autres choses insdispensables. Pour venir voir Amma, il sont parfois obligés d'emprunter des vêtements, parce qu'ils n'ont rien de convenable à se mettre. Il arrive que les femmes vendent leurs bracelets ou leurs boucles d'oreilles pour se procurer l'argent du voyage. D'autres économisent cet argent en jeûnant un ou deux jours par semaine.

Nous étions récemment à Singapour quand un journaliste a demandé à Amma quelle était, selon elle, la source de tous les problèmes dans le monde. Amma a répondu que la pauvreté était le plus terrible des fléaux sociaux et que si certains deviennnent des terroristes, des drogués ou des assassins, c'est essentiellement à cause d'elle. C'est pour la même raison que les gens ont recours à la prostitution et au vol, pour pouvoir survivre. L'opinion d'Amma est que si nous supprimons la pauvreté, une grande partie des maux dont le monde souffre disparaîtra.

Comme nous devons tous travailler d'une manière ou d'une autre pour gagner notre vie, elle suggère que chacun travaille une demi-heure de plus pour faire un don au monde. Si chacun donnait une petite partie de ses revenus quotidiens aux œuvres caritatives qui aident les plus démunis, alors dit-elle, les problèmes du monde seraient résolus.

On dit que les êtres humains ont deux problèmes essentiels : que leurs désirs ne soient pas satisfaits et qu'ils le soient. On dit aussi que quand Dieu veut nous punir, Il nous accorde tout ce que nous Lui demandons. Nous prions souvent pour obtenir des tas de choses pour ensuite nous rendre compte que nous ne les voulions pas vraiment. Certains passent leur vie à s'occuper de leur santé, d'autres à courir après la richesse et la gloire. Ils obtiennent rarement ce qu'ils cherchent et si, par miracle, ils y parviennent, leur bonheur est de courte durée et ils ne connaissent pas la paix. Mieux vaut laisser les choses courir après nous plutôt que l'inverse. Ce dont nous avons vraiment besoin, Dieu nous le donnera.

Tout le luxe imaginable ne nous empêche pas d'être malheureux. Les millionnaires aussi se suicident dans leur demeure princière climatisée. Sur leur lit de mort, les gens regrettent rarement de n'avoir pas été plus riches, mais de ne pas avoir mieux profité de la vie ni appris à aimer vraiment les autres.

Face à la mort, tout ce que nous désirions passionnément nous semble soudain sans importance. Nous prenons des assurances sur la vie, nous dit Amma, en pensant que cet argent nous servira de filet de sécurité devant l'inconnu, sans penser qu'à tout instant, la mort peut s'emparer de nous. N'oublions pas cette vérité et essayons de mener une vie juste. Ne soyons pas comme le chien qui aboie devant le miroir, en croyant son reflet réel. Au lieu de poursuivre des ombres, essayons de trouver le vrai bonheur à l'intérieur, et cessons de gaspiller dans la recherche du plaisir notre précieuse énergie vitale. Le chien peut se blesser les gencives en mâchonnant son os : il déguste son propre sang sans savoir d'où il vient. Telle est notre quête du bonheur dans le monde extérieur. Ce que nous prenons pour la source de notre bonheur est en réalité une illusion qui engendre la souffrance.

Rien en ce monde n'est éternel. Quand nous sommes attachés aux objets extérieurs, il ne peut en résulter que du chagrin. La leçon que nous donne alors cette souffrance, c'est que nous devons nous tourner vers Dieu. Selon Amma, nous ne pouvons renoncer que si nous avons de l'amour pour Dieu, le But suprême. Le renoncement ne peut pas être imposé ; nous pouvons seulement essayer de développer les bonnes qualités et les mauvaises nous quitteront.

Brise ces chaînes qui me lient.
Mon cœur aspire à T'aimer sans cesse
Mais mon esprit, ce traître,
Dérive et retourne vers le monde.
Impuissante, je suis déchirée
entre la douleur de l'illusion
Et la douce béatitude
qui naît quand je Te cherche,
Océan de miséricorde.
Combien de jours encore
dois-je souffrir
Avant que Tu ne m'accordes la caresse
de Tes pieds de Lotus ?
Combien de temps encore ce corps frêle
Endurera-t-il la souffrance de la séparation ?

Chapitre 13

C'est l'attitude qui compte

«Acquérez la force d'affronter les obstacles
Qui peuvent se lever sur votre chemin spirituel.
Il nous est impossible de changer les situations,
Mais nous pouvons changer notre attitude envers elles. »

Amma

En réalité, nous maîtrisons très peu de choses dans notre vie. Nous ne décidons pas des actes des autres et ni du résultat de nos propres actions. La seule chose que nous puissions parfaitement contrôler, c'est notre attitude. Amma emploie l'image d'un voilier : le vent souffle à sa guise, mais si nous déployons les voiles dans la bonne direction, il nous fera avancer.

La vie est un mélange de bonheur et de malheur ; il est impossible d'échapper à la douleur et au chagrin. Pour être heureux et en paix en toutes circonstances, il faut transcender les désirs. Or, si l'on nous couvre de louanges un jour et qu'on nous critique le lendemain, nous allons certainement nous fâcher. Amma nous recommande donc d'entraîner notre esprit à ne plus être affecté par ces changements de circonstances. En tant que chercheurs spirituels, nous devons apprendre à rester d'humeur égale et à garder notre calme en toutes circonstances.

C''est notre manière de réagir aux situations qui détermine notre expérience intérieure, la vie d'Amma et la manière dont elle a affronté les difficultés le montrent bien. Elle n'a pas toujours été bien accueillie mais elle est aujourd'hui connue pour son vaste réseau humanitaire et pour l'amour qu'elle exprime si simplement dans son *darshan* quotidien. Jamais elle n'a été affectée par le mépris ni par l'hostilité auxquels elle était en butte.

Il y a des années, certains des villageois qui habitent près de l'ashram lui étaient très hostiles. Comme ils ne la comprenaient pas et ignoraient tout de la spiritualité, ils la critiquaient, elle et son ashram. Avec le temps, ils ont peu à peu compris sa grandeur.

Quand nous sommes rentrées de la conférence pour la paix organisée par l'ONU à New York à l'occasion du nouveau millénaire en août 2000, la route de la côte était illuminée sur des kilomètres par la lumière des lampes à huile que les villageois avaient allumées devant leur maison en l'honneur d'Amma. Ceux qui autrefois disaient pis que pendre d'elle lui rendaient hommage. Amma n'en a pas non plus été affectée le moins du monde ; hier les villageois lui lançaient des pierres, aujourd'hui ils lui jettent des fleurs, elle reste la même.

Une des résidentes de l'ashram m'a un jour confié sa douleur. Elle se sentait très loin d'Amma et il lui semblait ne pas avoir de relation avec elle. Amma lui a alors donné un conseil : « Tu peux regarder le soleil et penser : « Je veux ressembler au soleil ! » mais tu sais bien que pratiquement, c'est impossible. Alors pourquoi ne pas essayer de ressembler à une luciole ? C'est suffisant. Nous n'avons pas, comme le soleil, la capacité d'apporter au monde la lumière et la chaleur, mais nous pouvons être une petite lumière dans les ténèbres. Un petit rayon de lumière qui peut guider quelqu'un. »

Les chagrins font partie de la vie. Ils sont pareils aux oiseaux qui volent dans le ciel ; laissons-les voler, et ne leur permettons pas de faire leur nid sur notre tête. Ne ruminons pas nos souffrances et ne les gardons pas éternellement avec nous. Laissons-les partir. Nous nous croyons dans les ténèbres ; en réalité, ces ténèbres n'existent pas. « Ouvrez votre cœur et vous découvrirez que les ténèbres n'ont jamais existé, qu'il n'y a jamais eu que la lumière. Si nous avons le sentiment d'être dans la nuit, rappelons-nous qu'elle porte en son sein la lumière de l'aube. » dit Amma. Elle nous rappelle sans cesse que nous sommes la lumière de Dieu et que la lumière est toujours avec nous. Nous fermons les portes et les fenêtres pour nous plaindre ensuite qu'il fait noir.

C'est notre attitude intérieure qui détermine notre vécu, qui fait que nous sommes heureux ou malheureux. La plupart du temps, nous sommes obsédés par nos problèmes et nos difficultés au lieu de nous rappeler tous les cadeaux que nous avons reçus. Songeons à tous ceux qui ont des problèmes autrement plus graves ! Faisons un bilan honnête, et ajoutons-y la grâce que nous avons eue de rencontrer Amma: notre expérience de la vie passera du noir au blanc.

Une femme de Nouvelle Zélande m'a raconté qu'Amma lui avait donné une leçon importante. Elle était en train d'essuyer les tables de la cantine après le repas et comme elle souffrait d'arthrite, elle était irritée d'avoir à travailler un peu plus longtemps avec une douleur constante dans la hanche. Une des petites filles qui habitent à l'ashram est passée à se moment-là. Agée de neuf ans et très mignonne, elle venait de se casser le poignet droit dans une chute et elle avait un

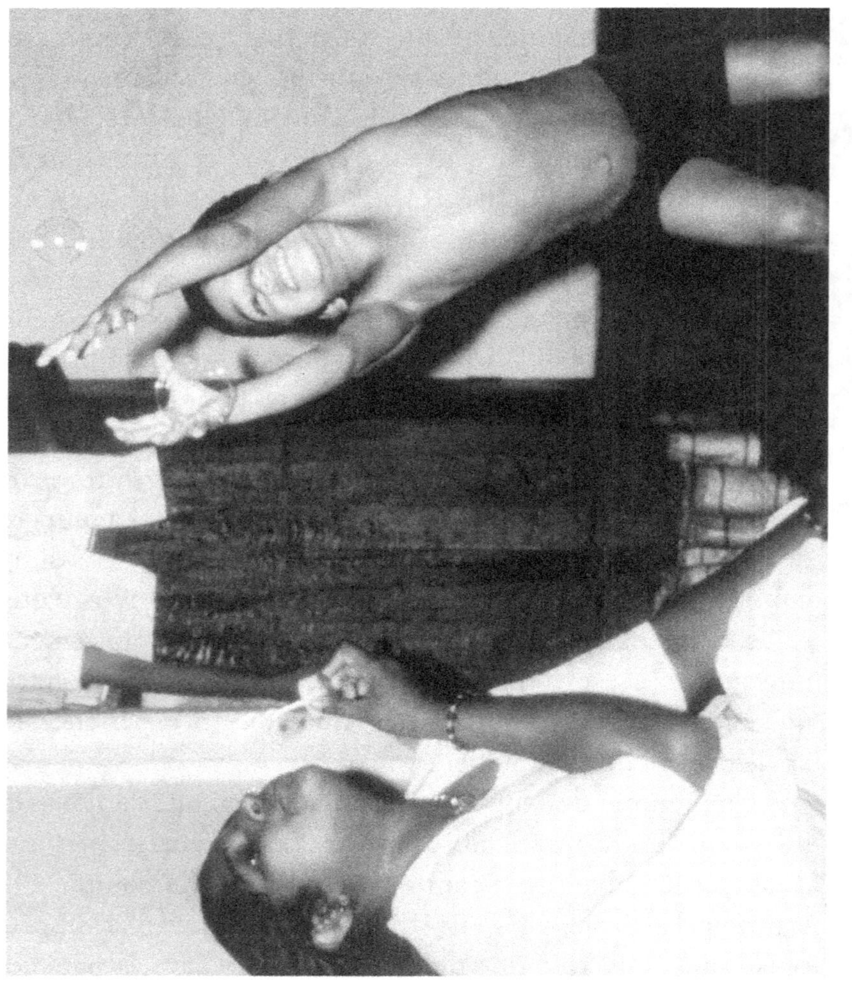

plâtre. Toute souriante, elle est venue demander à cette femme si elle pouvait l'aider. La néo-zélandaise a regardé son plâtre. N'avait-elle pas un bras immobilisé ? « Oui, mais il me reste un bras libre avec lequel je peux travailler ! » a répondu l'enfant gaiement. Et la femme s'est sentie petite devant l'enfant qui avait des problèmes équivalents aux siens et qui malgré tout, souhaitait aider les autres.

De nos jours, peu de gens sont capables de servir avec joie et amour. Amma a souvent déclaré que les gens travaillent beaucoup à l'ashram, mais qu'ils n'ont pas toujours l'attitude juste. Une plaisanterie circule selon laquelle certaines *brahmacharinis* arrivent à l'ashram avec le désir de servir. Elles prennent un balai et se mettent à balayer. Mais au bout d'un moment, ce désir de servir disparaît et au lieu de balayer, elles utilisent le balai pour taper sur la tête des gens !

Quand nous voyons des gens qui servent avec amour et concentration, nous participons à leur joie, qui devient contagieuse. Certaines femmes qui avaient suivi le traitement du *pancha karma* m'ont dit avoir vraiment senti l'amour que les *brahmacharinis* ont pour Amma en recevant les massages ayurvédiques. Le fait de donner un massage peut paraître bien étranger à toute pratique spirituelle mais toute action, si elle est faite avec l'attitude juste, peut devenir un moyen de recevoir la grâce d'Amma. Le motif de notre action est extrêmement important et détermine le fruit que nous en recevrons. Un assassin utilise un bistouri dans l'intention de tuer et il lui faudra endurer les souffrances consécutives à son acte parce que sa motivation était mauvaise. Un chirurgien qui opère à l'aide d'un bistouri dans le but de sauver la vie du malade obtient en revanche un bon *karma*. L'instrument est le même, l'action aussi, mais l'intention, elle, est totalement différente.

Puisque c'est notre attitude qui détermine le fruit de notre acte, efforçons-nous d'agir avec de bonnes intentions afin que la grâce de Dieu se répande sur nous.

Amma définit la spiritualité de la manière suivante : c'est un art qui nous enseigne à vivre pleinement notre vie dans sa totalité. La compréhension des principes spirituels est la connaissance la plus importante que l'on puisse posséder en ce monde. Elle nous dit en effet comment vivre au milieu du matérialisme ambiant, comment gérer notre vie. Sans cette compréhension, même si nous avons la foi, nos attachements peuvent encore nous priver de notre énergie. Mais nous pouvons trouver le bonheur en comprenant les enseignements spirituels, qui nous montrent que la nature du monde est illusoire et changeante. Celui qui n'est pas préparé à accepter les hauts et les bas inévitables de la vie est forcément toujours plongé dans le chagrin, la peur et l'angoisse.

Les obstacles peuvent nous rendre plus forts. Le bel arc-en-ciel aux magnifiques couleurs n'apparaît que quand il pleut. Ainsi, le bonheur et le malheur sont les deux faces d'une même pièce. Le malheur peut aussi avoir des conséquences bénéfiques. Le tremblement de terre qui a eu lieu en 2001 dans le Gujarat a causé aux victimes une énorme souffrance mais il a aussi fait naître beaucoup de compassion dans le cœur des gens. Dans le monde entier, ils ont offert leurs dons et leur aide.

J'avais été très touchée par un article de journal qui racontait comment un groupe de porteurs, dans une station de chemin de fer du Gujarat, avait fait preuve d'une grande compassion après la catastrophe. Les porteurs ont la réputation d'être durs car ils gagnent leur vie en harcelant les passagers et en demandant un prix excessif pour leurs services. Mais ce groupe était différent. Après le tremblement de terre, ils se sont cotisés, ils ont cuisiné un repas et l'ont servi gratuitement aux victimes qui arrivaient à la gare. Au lieu d'essayer de tirer un profit personnel de la situation, ils ont ouvert leur cœur pour aider ceux qui souffraient.

Nombreux étaient ceux qui avaient perdu leur maison et des membres de leur famille dans la catastrophe. Quand ils sont venus au *darshan*, à Ahmedabad, Amma s'est montrée pleine de sollicitude pour eux. « Comment vous en sortez-vous ? Arrivez-vous à surmonter cette grande perte ? » leur a-t-elle demandé. Ils ont répondu calmement : « Dieu a donné, Dieu a repris. » Ils n'étaient pas plongés dans la détresse, contrairement à ce que l'on aurait pu imaginer. Ils acceptaient la situation.

Amma nous rappelle que les jours passent rapidement. Pleurer ou rire, nous avons le choix. Ne vaut-il pas mieux garder une vision positive des choses, quoi que la vie nous apporte ? Au Canada, j'ai lu un article de journal qui parlait d'incendies dans des zones rurales. Un cultivateur de pommes de terre âgé de plus de quatre-vingts ans avait perdu la ferme de ses ancêtres et toutes ses récoltes. Tout avait été réduit en cendres, il ne lui restait plus que les vêtements qu'il avait sur le dos. Quand les journalistes lui ont demandé ce qu'il ressentait, il a répondu : « Eh bien, je pense que je suis le premier fermier dans l'histoire dont les germes ont cuit avant même d'avoir été récoltés ! » Le journaliste s'étonnait qu'il puisse plaisanter au sujet d'une perte pareille. « Que je rie ou que je pleure, les jours passent, inutile de demander pourquoi. » a-t-il répondu. Telle devrait être l'attitude d'un chercheur spirituel.

Chacun de nous a le choix de son attitude dans la vie. Si nous le voulons vraiment, nous pouvons presque toujours trouver un élément positif, même dans la pire des situations. Dans les camps de concentration des nazis pendant la deuxième guerre mondiale, il y a eu des hommes et des femmes capables de réconforter les autres et de leur offrir leur dernier morceau de pain. Ces âmes généreuses étaient rares, mais leur souvenir est vivant. Ayant tout perdu, ils ont choisi de renoncer jusqu'au bout. En donnant, ils ont connu la joie. Il est important d'avoir une attitude positive et de cultiver l'innocence, la sincérité et une foi absolue. Nous n'atteindrons jamais le but avec un coeur tiède.

Voici une histoire drôle qui met en scène une femme et ses deux garçons qui veulent aller voir un film. Ils insistent : « Mais maman, dans ce film il n'y a qu'un petit peu de violence et de sexe. » La mère réfléchit et décide de leur donner une leçon sur l'effet que peut avoir « un petit peu » de quelque chose. Elle fait des gâteaux au chocolat et les sert en disant : « J'ai fait ces gâteaux au chocolat et j'ai mis juste un peu de caca de chien dans la pâte. Vous ne vous en apercevrez même pas. Si vous en mangez un, vous pourrez aller au cinéma voir le film. » Dégoûtés, ils n'ont pas voulu toucher aux biscuits. Cette histoire montre qu'un peu de négativité, d'égoïsme ou de malhonnêteté peut faire une grande différence.

Si nous avons le cœur ouvert et faisons des efforts, la grâce de Dieu descendra sur nous. Une année, pendant le Dévi *Bhava* au Japon, un homme s'est mis à chanter Ishwar Tum Hi en japonais. Amma a été toute surprise de l'entendre chanter ce *bhajan*. Quelqu'un lui a expliqué que cet homme travaillait depuis vingt-six ans dans le restaurant chinois tenu par sa famille, et qu'il n'avait qu'un seul jour libre, le mercredi. Depuis des années, il était dévot d'Amma, sans avoir jamais pu la rencontrer. Cette année-là, pour la première fois, le *darshan* se déroulait un mercredi et il pouvait enfin voir Amma et chanter pour elle. A la fin du chant, il s'est mis à pleurer. Amma était très heureuse de l'entendre chanter avec autant de dévotion.

Un vieil homme est un jour venu passer quelques jours à l'ashram. Chaque fois qu'il allait au *darshan*, Amma lui manifestait beaucoup d'affection. En sa présence, il devenait comme un enfant, alors qu'il était déjà assez âgé. Quelqu'un lui avait offert deux chemises blanches et un *dhoti*. Il est traditionnel d'offrir quelque chose au gourou et il regrettait d'être si pauvre, de ne rien pouvoir donner à Amma. Il s'aperçut alors qu'il n'avait pas vraiment besoin des deux tenues neuves et il a donné une des chemises blanches à Amma en allant au *darshan*. Amma était si heureuse qu'elle l'a aussitôt enfilée. Tout le monde venait la voir porter cette chemise blanche qui allait si bien avec son sari. Le vieil homme était assis derrière elle, plein de félicité, fou de joie qu'Amma ait mis la chemise qu'il lui avait offerte. Amma n'a pas pu s'en empêcher. Il fallait qu'elle la porte. Il suffit de la regarder pour voir qu'elle ne peut résister à l'offrande d'un cœur innocent.

Il n'est pas difficile de rester calme et d'être en paix quand on reste assis les yeux fermés. Mais il faut savoir maintenir cet état dans toutes les activités que nous avons dans le monde, et garder l'esprit ferme dans les circonstances difficiles comme dans les cironstances plus favorables. Entraînons-nous à nous adapter à toutes les situations et à garder notre équilibre dans les situations génératrices de tension. C'est alors que notre degré de force spirituelle se révèle. Faisons de notre mieux et laissons le reste à Dieu.

Ma vie est déchirée
Comme l'éclair frappe un arbre.
Ton amour m'a percé le cœur
Il y a allumé la flamme du désir de Toi.

Les vents cruels de ce monde
S'efforcent d'éteindre mon amour,
Mais toujours Tu le protèges
Tu le nourris de Ta compassion.

Que cette vie est solitaire
Comme un chant triste.

Je dérive au milieu du chagrin et de l'illusion.
Il y a foule autour de moi,
Mais nul ne m'appartient et je ne leur appartiens pas
Toi seul es enchâssé dans mon cœur.

Tu es pareil à la rose délicate
Dont rien n'égale la beauté et le Ton parfum,
Mais je n'attrape
Que Tes épines acérées.

Chapitre 14

La Mère omnisciente

« Comment Amma peut-elle expliquer qui elle est et ce qu'elle est ? Comment peut-on expliquer cet état suprême ? »

Amma

Il y a bien des années, en passant sur la galerie qui surplombe le hall de prière, j'ai découvert un panier rempli de paquets de biscuits. Il y en avait bien une trentaine et je savais qu'il s'agissait d'une distribution destinée aux *brahmacharis*. Je me suis dit qu'une fois la distribution terminée, il ne resterait sans doute rien pour moi et que je pouvais aussi bien prendre ma part tout de suite. J'ai regardé autour de moi pour m'assurer que personne ne me voyait et j'ai pris un paquet que j'ai caché sous mon sari. Et je suis partie. En fin d'après-midi, Amma a envoyé une *brahmacharini* avec le message suivant : « Amma demande si tu manges à ta faim à l'ashram ? » Je bafouillai « oui » d'une voix étouffée ; j'étais morte de honte. Amma savait ce que j'avais fait, même si elle ne l'avait pas vu. Je n'ai jamais pu manger ce paquet de biscuits !

Amma sait tout ce que vivent les dévots. Même de loin, elle sait ce qui se passe et comment nous réagissons à chaque situation.

Un *brahmachari* lui a un jour demandé si elle savait tout ce qui se passe dans le monde. Il pensait que ce n'était pas possible. Il aimait le thé mais dans les débuts de l'ashram, il n'y avait que du lait coupé d'eau, le thé n'était pas permis. Il lui a donc demandé : « Si tu médites et que je vais boire du thé à la boutique, est-ce que tu le sauras ? » Amma a répondu qu'elle le saurait sans aucun doute. Elle ne le montre pas toujours, mais elle n'ignore aucune de nos erreurs.

Il arrive qu'elle prétende avoir appris ce que nous avons fait par une autre personne. Ainsi, une circonstance créée directement par elle ou qui se produit spontanément en sa présence, va faire remonter à la surface nos *vasanas* afin qu'elles puissent être détruites. Par exemple, elle peut faire exprès de regarder tout le monde sauf nous, juste pour voir notre réaction. Un médecin ayurvédique doit voir tous les symptômes du malade avant de prescrire des remèdes. Ainsi, Amma peut désirer voir nos tendances habituelles avant de décider de la *sadhana* qui nous convient.

Elle peut même nous réprimander pour une faute que nous n'avons pas commise, pour voir comment nous allons réagir. Tantôt, elle fait comme si elle ne savait rien, tantôt elle nous montre que rien ne lui échappe. Nous ne voyons que la surface des choses mais sa vision pénètre sous la surface et voit le passé, le présent et le futur de toutes les situations. Notre compréhension limitée nous fera peut-être douter, mais c'est à nous de garder la foi, la conviction qu'elle sait ce qu'elle fait.

Il arrive que nous lui posions une question et que sa réponse nous déroute. A-t-elle bien compris la question ? Mais, des années plus tard, nous comprendrons peut-être tout-à-coup le sens de sa réponse. Parfois, elle ne répond pas. Selon elle, il y

a certaines leçons que nous devons apprendre de la vie et son rôle n'est pas de toujours tout nous dire.

Un être réalisé ne peut pas faire d'erreur. Il semble parfois se tromper mais finalement, on découvre qu'il a toujours raison. Nous étions un jour dans la voiture quand quelqu'un a remarqué une légère odeur de plastique en train de brûler. Amma affirmait que cette odeur provenait de la voiture, mais tout le monde disait qu'elle venait de l'extérieur. Au moment où nous arrivions à destination, le moteur a commencé à fumer. Un petit tube de plastique était resté coincé près de la batterie et avait fondu. C'était l'origine de cette odeur de brûlé. Une fois de plus, Amma avait raison. Bien sûr, puisqu'elle a toujours raison !

Amma a compris la nature du Soi, qui est à la fois en elle et omniprésent, nous dit-elle. Chacun de nous est une miniature du macrocosme. Si donc nous réussissons à nous connaître nous-mêmes, nous connaissons tout. Mais nous n'avons pas encore appris à nous connaître. Seul un Maître parfait comme Amma peut nous aider à entamer ce processus de connaissance. On dit que le Maître devient notre lien avec la Vérité Absolue. Tout être vivant possède les graines de l'éveil. Si nous découvrons notre être réel, alors nous connaîtrons tout.

Le soleil illumine tout, nous a un jour expliqué Amma, il brille sur tout. Il n'y a rien que le soleil ne puisse toucher et pourtant, il ne proclame pas qu'il brille partout, il fait humblement son devoir. Ainsi, dans son humilité, Amma ne montre jamais qu'elle sait tout mais grâce aux expériences que nous faisons auprès d'elle, nous comprenons sa véritable grandeur.

Un jour, pendant le tour des Etats-Unis, quelqu'un est venu vers la fin du *darshan* à la boutique où je travaillais, avec une assiette de petits chocolats enveloppés dans du papier argent, ceux qu'Amma donne en *prasad* pendant le *darshan*; et pensant pouvoir me faire confiance, m'a demandé si je pouvais surveiller l'assiette un moment. Comme je suis toujours prête à rendre service, surtout pour ce genre de choses, je n'ai pas pu refuser.

Nous travaillons pendant de longues heures et bien souvent, nous ne prenons notre déjeuner qu'en fin d'après-midi. Alors nous avons souvent faim. Avec mauvaise conscience, j'ai ouvert un des petits chocolats et je l'ai mangé. Comme c'était bon ! Mais comment s'arrêter ? J'en ai donc ouvert encore un ou deux et je les ai engloutis. Soudain, le *darshan* s'est terminé et Amma s'est levée pour quitter la salle. Pendant tous les voyages qu'Amma avait faits en Occident, jamais elle n'était venue faire un tour à la boutique. Mais ce jour-là, il semble que je lui en avais donné l'idée.

A ma grande stupeur, elle vient droit sur moi et me tâte les côtes. « Ma fille, tu es toute mince. Est-ce que tu manges ? » « Mmm ! » C'est tout ce que j'ai pu dire, en espérant que je n'étais pas barbouillée de chocolat. « Tout le monde a pris du poids, mais tu es si mince ! » Je ne pouvais toujours pas répondre, sinon par un autre « Mmm ! », la bouche pleine de chocolat fondant. Alors elle sourit, me tapote encore les côtes et s'en va, me laissant terriblement gênée. Amma sait toujours nous surprendre au bon moment et nous montrer que nous ne pouvons rien lui cacher. Mais, bien sûr, cet incident s'est déroulé il y a longtemps et depuis, j'ai changé ! On peut sans risque me confier une assiette de chocolats, du moment que j'ai pris mon déjeuner !

Amma m'a accordé un autre aperçu de son omniscience. C'était dans la voiture qui nous ramenait chez nos hôtes après le programme au Kowait. Elle avait invité une des filles du conducteur à monter dans la voiture avec nous. Cette petite fille âgée d'environ huit ans ne semblait pas aussi proche d'Amma que ses deux sœurs. Elle était plus timide. Je l'avais vue chanter pour Amma cette nuit-là, assise tout au fond de la scène pendant le *darshan*. Amma a dorloté l'enfant et lui a embrassé la main. « Tu as chanté pour Amma cette nuit. Il y a longtemps, Amma chantait souvent ce chant. » a-t-elle dit. Puis elle s'est mise à chanter doucement le *bhajan* que l'enfant avait chanté : « Govinda Madhava, Gopala Keshava, Jaya Nanda Mukunda Nanda Govinda, Radhe Gopala. »

Il se trouve que j'avais observé toute la scène pendant que cette enfant chantait et je savais parfaitement qu'Amma ne s'était jamais retournée pour voir qui était au micro. Beaucoup de petites filles avaient chanté pendant le *darshan* et je me demandais comment elle pouvait se rappeler la voix de celle-ci parmi toutes les autres. C'était simplement un autre aperçu de son affection maternelle et divine, de son amour plein de compassion, comme une lumière brillant dans la nuit noire.

Au cours de mes voyages avec Amma, j'ai vu d'innombrables désirs être exaucés. Elle possède l'étonnante faculté de connaître le désir le plus profond de chacun d'entre nous. Une année, lors d'un programme à Santa Fé, un dévot est venu me voir avec un de ses amis, sourd de naissance. Celui-ci était allé au *darshan* et avait été stupéfait d'entendre Amma lui parler à l'oreille. Il n'arrivait pas à comprendre comment une chose pareille avait pu se produire. Le dévot et moi avons échangé un sourire entendu, sachant qu'il s'agissait simplement d'un autre miracle accompli par la grandeur d'Amma.

Une autre fois, une jeune femme d'Iowa m'a raconté que sa grand-mère était allée au *darshan* avec un mal de nuque chronique et très douloureux. Elle a parlé de son problème à Amma. Le lendemain du *darshan*, elle fut stupéfaite de constater que son mal avait complètement disparu.

Une dévote indienne m'a raconté qu'elle avait souffert pendant sept ans de terribles migraines et ne pouvait manger ni riz, ni fruits. Quand elle est allée au *darshan*, Amma lui a donné un peu de riz à manger. Depuis, ses maux de tête et ses allergies alimentaires ont complètement disparu et elle peut manger normalement. Elle est convaincue que c'est la grâce d'Amma qui l'a guérie.

Amma est un jour allée à l'hôpital voir un dévot soigné pour ses brûlures. Elle lui a embrassé les mains et les pieds et lui a donné un peu de *prasad*. L'homme pleurait en racontant cette histoire à un autre dévot. Il disait que ce jour-là, c'était son anniversaire et qu'il avait toujours ardemment souhaité qu'Amma lui embrasse les mains. Il était profondément touché qu'Amma ait exaucé son désir.

Bien qu'elle ait des millions de dévots dans le monde entier, elle établit une relation unique avec chacun d'entre eux. Une année à Munich, Amma demandait des nouvelles d'une vieille femme qui venait la voir chaque année. Ne l'ayant pas vue cette année là, elle nous demandait si nous nous souvenions d'elle, si nous savions où elle était. Ni moi, ni aucun d'entre nous ne se rappelait cette vieille femme. Mais Amma insistait beaucoup pour que nous cherchions ce qu'elle était devenue car, disait-elle, son esprit se tournait vers elle.

Cette vieille femme lui disait toujours qu'elle était seule au monde, qu'elle n'avait personne en dehors d'elle. Chaque année, elle attendait avec joie de la revoir. Amma demandait à chacun d'entre nous de se renseigner mais personne ne pouvait donner aucune information à son sujet. « Votre *dharma* est de découvrir ce qu'elle est devenue » nous a dit Amma. Nous avons fini par apprendre qu'elle était morte un mois avant la visite d'Amma. Tout le monde l'avait oubliée mais son souvenir restait gravé dans le cœur d'Amma.

Amma parcourt l'Inde et le monde entier, et le *satsang* qu'elle donne lors du programme est toujours traduit dans la langue de l'état ou du pays dans lequel nous nous trouvons. Il est toujours étonnant de la voir jouer la scène qui consiste à écouter la traduction et à la corriger ! Elle ne manque jamais de rectifier la moindre faute du traducteur, bien qu'elle ignore la langue dans laquelle il s'exprime. Quelqu'un lui a un jour posé la question : « Amma, est-ce que tu comprends toutes les langues ou bien lis-tu dans les pensées ? » Elle a répondu que même si elle ne parle pas la langue, son esprit l'avertit si le traducteur fait une erreur.

Bien qu'elle n'ait fréquenté l'école que pendant quatre ans, elle possède un savoir véritable dans tous les domaines. Elle discute par exemple avec des spécialistes de physique nucléaire et les conseille sur certains aspects de leur travail. Ces hommes ont consacré leur vie à la recherche dans des domaines aussi complexes que la physique nucléaire, les mathématiques, la relativité, la mécanique quantique et pourtant elle attire leur attention sur des faits qu'ils n'avaient jamais complètement saisis ou compris au cours de leurs longues années d'études et de travail dans ce domaine. Sa scolarité a beau avoir été très courte, sa connaissance jaillit spontanément et clairement.

Ce qu'Amma est capable d'orchestrer à n'importe quel moment est absolument miraculeux. Imaginez par exemple la scène lors d'un Dévi *Bhava* en Inde, dans la nuit de dimanche à lundi. En général, il y a au minimum dix à quinze mille personnes. Lorsque le *darshan* commence, je suis chargée de donner le *prasad* à Amma et je suis donc assise auprès d'elle. La sono est réglée si haut que les parois des haut-parleurs en tremblent pendant les *bhajans* et qu'il faut crier pour se faire entendre. C'est souvent une vraie bataille pour moi d'arriver à mettre le *prasad* à temps dans la main d'Amma. Je dois lutter pour faire une seule chose mais pendant ce temps-là, Amma en fait au moins dix à la fois.

Imaginez la scène : vingt bébés attendent d'être mis quelques secondes sur les genoux d'Amma pour qu'elle leur donne leur première nourriture solide, un peu de riz sucré. Ce sont de petits bébés, mais la capacité de leurs poumons est énorme, ils hurlent, pleurent, battent l'air de leurs petits bras et se tortillent sur ses genoux. Elle s'efforce de leur mettre un peu de riz dans la bouche et pendant ce temps, les directeurs de l'hôpital AIMS, assis à sa gauche (si on regarde la scène), lui posent des questions au sujet de l'hôpital. Les *brahmacharis* qui dirigent les instituts d'informatique et les écoles d'ingénieur attendent leur tour ; ils ont eux aussi besoin de conseils. A droite, un garçon appuyé sur l'épaule d'Amma s'efforce d'attirer son attention : « Amma, Amma (en lui tapotant le bras) Amma, Amma, j'ai un peu mal au coude gauche, là, Amma regarde, là. Est-ce que tu peux me toucher le coude, Amma ? Touche-le, Amma !Touche-le, Amma ! »

Une fois sur trois, la personne qui vient au *darshan* dit : « Amma, mantra, je veux un mantra. » Amma donne les mantras sur la droite, en murmurant à l'oreille des gens. Elle répond aux questions une par une, tout en trouvant le moyen de consoler d'un regard une des filles qui pleure en disant : « Amma ne me regarde jamais, je pense qu'elle ne m'aime plus. »

Le *darshan* continue, mille personnes à l'heure. Un Occidental s'approche : « Un nom, Amma, je veux un nom ! » Et le garçon qui se trouve toujours à sa droite l'appelle : « Amma ! Amma ! Est-ce que je peux t'apporter à boire ? Est-ce que je peux t'apporter à boire, Amma ? Amma, j'ai un peu moins mal au bras mais il faudrait peut-être que tu le touches encore une fois, au cas où la douleur reviendrait. Et puis tu pourrais toucher l'autre bras, au cas où ! » Et il faut qu'Amma lui caresse les deux bras pour qu'il la laisse tranquille.

Amma fait tout cela en même temps avec une concentration parfaite et moi, je trouve difficile la seule chose que j'ai à faire.

Une fois, à la fin d'un Dévi *Bhava*, j'ai dû lui poser une question importante de la part de quelqu'un. Elle venait de donner *darshan* à quinze mille personnes, sans une seconde d'arrêt. Le Dévi *bhava* avait duré toute la nuit pour se terminer au milieu de la matinée du lendemain. J'étais épuisée par le manque de sommeil, mais Amma semblait en pleine forme. Je suis allée dans sa chambre et j'ai posé la question. Elle m'a donné la réponse, puis a abordé d'autres sujets. Elle a fini par me raconter toute l'histoire de l'Inde, depuis les temps anciens jusqu'à l'époque actuelle. Elle faisait un professeur d'histoire parfait et le tout lui a pris environ trente minutes.

Au cours de la conversation, elle a même calculé de tête. « 680 000 divisé par 28, cela fait 24 285, et multiplié par 18 ça donne 437 141. Non, non, 437 142. C'est juste, n'est-ce pas ? » A vrai dire, la tête me tournait rien qu'à essayer de la suivre. Jamais je n'aurais tenté de faire de tels calculs sans calculatrice, mais l'esprit d'Amma est brillant.

Une autre fois, alors que nous étions dans l'avion, elle a décidé de faire des calculs. Comme je n'avais pas de calculatrice sur moi, j'ai tout écrit sur une feuille et j'ai fait mes additions. Il m'a fallu environ dix minutes pour venir à bout de ces longues listes de chiffres et ensuite, j'ai montré la feuille à Amma. Elle a regardé quelques secondes puis elle a dit : « je pense que tu as fait une petite erreur dans une addition, juste là. » Elle a mis le doigt précisément sur cette erreur alors que la page était couverte de chiffres.

Une nuit, à Santa Fé, je me trouvais dans la chambre à côté de la sienne. Je suis souvent logée à côté d'elle, mais ces dernières années, je n'avais pas souvent eu l'occasion de dormir dans sa chambre comme cela m'était arrivé auparavant. Et soudain, il me vint à l'esprit que ce serait merveilleux de pouvoir m'allonger auprès d'elle et de la tenir dans mes bras. Je fus bien étonnée de cette pensée car d'ordinaire, je suis heureuse d'être en retrait et n'aspire pas comme la plupart des gens à être physiquement proche d'Amma. Cette idée n'a fait que me traverser l'esprit puis je me suis endormie. Quelques heures plus tard, quelqu'un est venu me chercher. Amma m'appelait. Je suis entrée dans sa chambre et elle m'a demandé de lui masser les jambes. Le climat du Nouveau Mexique et l'altitude l'empêchent souvent de dormir, parfois plusieurs nuits de suite, comme c'était le cas cette fois-ci. Je lui ai donc massé les jambes en espérant que cela l'aiderait à s'endormir. Au bout d'un moment, elle m'a dit : « Amma ne pourra s'endormir que si tu t'allonges auprès d'elle et la prends dans tes bras. » C'était pour moi une surprise totale, mais je l'ai fait et Amma s'est ensuite rapidement endormie.

Même ce désir fugitif , Amma l'a exaucé très rapidement. Que dire des prières qui s'élancent vers elle du plus profond de notre cœur ? Il est encore plus probable qu'elles seront exaucées.

N'entends-tu pas le cri
de mon cœur déchiré ?
Ne vois-tu pas les larmes brûlantes
qui coulent ?
Le monde a perdu tout attrait.
Mon seul désir est de boire
le nectar de Ta forme,
Incarnation de la Compassion.
Mon cœur est meurtri
par cet amour malheureux.
J'attends d'un cœur tremblant
Sachant que je ne suis pas digne
de m'offrir à Toi.
Que peut faire cette âme malheureuse ?
Je me noie dans une mer de souffrances.

Chapitre 15

Transformer la vie

« Le plus petit geste que nous avons pour autrui
Peut opérer une grande transformation dans la société.
Le changement n'est peut-être pas aussitôt visible
Mais toute bonne action a sa récompense.
Même un sourire est très précieux
Et un sourire ne coûte rien ! »

Amma

Il était une fois un homme qui voulait changer le monde. « Seigneur, donne-moi l'énergie nécessaire pour changer le monde. » Telle était sa prière. Des années passèrent et une fois parvenu à l'âge mûr, il comprit qu'il n'avait pas la force de changer le monde. La jeunesse et la rébellion l'avaient quitté. Sa prière changea : « Seigneur, donne-moi l'énergie nécessaire pour changer les gens de ma famille. » Ils étaient beaucoup plus jeunes et plus forts que lui et n'avaient en outre aucune envie de changer. Sa prière devint : « Seigneur, donne-moi la force de me changer moi-même. » C'est alors, seulement, qu'il fut exaucé. Si *nous* changeons, tout le reste suit.

Tous les grands maîtres spirituels disent que le bonheur ne se trouve pas dans le monde extérieur, mais en nous. Un *mahatma* ne vient pas pour changer le monde, mais pour éveiller en nous le désir de changer intérieurement. Ils ne font pas le travail pour nous, ils jouent un rôle de catalyseur et nous encouragent à nous transformer. Nous aurons beau changer de nom, de pays, d'alimentation ou même porter un anneau de nez comme Amma, cela ne fera pas de nous des chercheurs spirituels. Si notre esprit ne change pas, où que nous allions, les problèmes nous suivront. Nos peurs et nos angoisses resteront identiques. Changer les situations extérieures est souvent à notre portée mais seul un grand maître comme Amma peut nous délivrer de nos peurs et de nos angoisses en transformant notre cœur, en nous aidant à prendre conscience de notre nature divine.

Une dévote m'a confié que depuis qu'elle connaît Amma, elle a cessé d'acheter des saris neufs. L'argent qu'elle dépensait ainsi, elle le donne maintenant pour les pauvres ; Amma lui a inspiré le désir de mener une vie plus simple.

Une femme de Mysore a raconté qu'après avoir appris la méditation I AM d'Amma, sa vie s'était beaucoup améliorée. Veuve et mère de trois enfants, elle travaillait dans une école d'Amma comme balayeuse. Elle accomplissait ce dur labeur douze heures par jour. Avant d'être initiée à cette pratique, dit-elle, elle souffrait de douleurs dans le corps, d'asthme et de fatigue générale. Depuis qu'elle pratique I AM régulièrement, tous ses symptômes ont disparu. Si elle est toujours consciente des problèmes auxquels elle est confrontée, elle n'y fait plus attention et ne s'inquiète plus autant, dit-elle. Elle abandonne tous ses problèmes à Amma. Sa vie est devenue paisible. La plupart des gens dans le monde sont malheureux. Les jeunes grandissent sans savoir où trouver la paix et le contentement. Mais les enfants qui connaissent Amma apprennent tout jeunes encore à développer des qualités spirituelles. Ce fut le cas d'un petit garçon français qui est venu avec sa mère accompagner Amma lors d'une de ses tournées en Inde. Agé de sept ans, il passe ordinairement son temps à lire ou à jouer. A Mysore, j'ai été surprise de le voir pendant le *darshan* au milieu de la foule, occupé à distribuer de l'eau potable aux dévots. Il portait un verre et une cruche d'eau et se déplaçait dans les allées pour offrir joyeusement de l'eau, exactement comme les autres bénévoles chargés de ce *seva*. Le simple fait de se trouver dans l'entourage d'Amma et de ses dévots générait déjà en lui le désir de servir autrui.

Parmi ceux qui rencontrent Amma, un grand nombre n'ont jamais compris le sens de la vie ni pourquoi ils existent. Le contact avec elle transforme leurs valeurs et leurs désirs, si bien que leur existence prend un sens et qu'ils mènent une vie heureuse.

Une année, à Munich, le programme se déroulait dans un endroit proche de tavernes célèbres pour leur bière. Un homme ivre qui passait par là entra en titubant dans la salle. Il n'a pas vraiment bien compris ce qui se passait mais quand Amma lui a donné *darshan* en sortant, à la fin du programme, elle s'est montrée absolument charmante avec lui. Il est revenu le lendemain soir, habillé sur son trente et un et à jeun, désirant ardemment une autre dose de l'amour divin d'Amma, un breuvage beaucoup plus fort que tout ce qu'il avait jamais goûté auparavant ! Aujourd'hui, il ne manque aucun des programmes d'Amma en Allemagne et vient parfois passer quelques mois à l'ashram en Inde.

Pour certains, le voyage en Inde est dur ; le climat, la chaleur, la nourriture et les foules sont autant de choses difficiles à supporter physiquement. A cela s'ajoutent la difficulté d'une langue inconnue ainsi que des coutumes et des traditions qu'ils ont du mal à comprendre. Mais ils sont prêts à affronter toutes les épreuves pour goûter un peu plus à l'amour inconditionnel d'Amma.

Un Italien âgé de plus de quatre-vingts ans est venu pendant des années faire le tour du nord de l'Inde, qu'il trouvait très revigorant ! Malgré les voyages en car épuisants et la longueur des *darshans*, il disait que les tours lui donnaient de l'énergie. Bien des gens plus jeunes avaient plus de mal que lui et se fatiguaient, mais comme il était prêt à accepter toutes les situations qu'il rencontrait, il respirait la joie et l'enthousiasme quasiment en toutes circonstances.

Certains interprètent de façon erronée le sens du mot « abandon de soi ». Ils croient que cela implique d'être faible et d'obéir aveuglément à des ordres ou à des règles. Mais personne n'essaie de faire de nous des esclaves. En réalité, nous le sommes déjà : esclaves de nos attachements, qui nous causent beaucoup de souffrance. Si nous sommes capables d'y renoncer, Amma nous guidera à chaque pas sur le chemin de la liberté. Pour beaucoup, le premier pas consiste à apprendre l'art de lâcher-prise et aussi à abandonner peu à peu nos attachements et nos attentes. Pour détruire l'égoïsme qui fait de nous des prisonniers et des esclaves, efforçons-nous de développer les qualités d'amour et de compassion incarnées par Amma. Elle nous montre comment devenir libres, vraiment libres. Il s'agit d'une tâche extrêmement difficile si nous comptons sur nos propres forces, mais par la grâce d'Amma, tout est possible. Quand les êtres humains ordinaires tels que nous se regardent mutuellement, ils ont tendance à ne voir en autrui que la laideur de l'ego. Mais les grands saints comme Amma voient le Divin, la pureté et la splendeur de notre âme, la perfection et le potentiel divin qui demeurent en nous, inutilisés. En nous regardant les uns les autres nous ne verrons peut-être que des cailloux, mais Amma nous voit comme de minuscules diamants. Pour adoucir les arrêtes d'un diamant, il faut le polir et il en va de même pour nous : nous avons besoin d'un polissage.

Le devoir d'Amma est d'aller jusqu'au bout de ce processus. Elle déclare qu'en réalité, elle ne fait rien : elle se contente de nous mettre tous ensemble et le processus se déroule automatiquement. Apparemment, nous nous frottons tous les uns aux autres et cette friction suffit à polir le tranchant de nos angles. Amma appuye sur le bouton pour enclencher le processus et elle choisit exactement celui qui nous fait réagir !

Bien souvent, nous ne percevons pas le changement qui se produit en nous mais les autres, eux, remarquent la différence. En marchant sur une plage les yeux baissés, nous ne nous apercevons pas de la distance parcourue. Arrivés au bout de la plage, quand nous regardons en arrière, le chemin parcouru nous paraît incroyable. Ainsi, essayons de changer, même si les résultats de nos efforts ne sont pas immédiatement visibles.

Chez certains dévots, la transformation est immédiate. D'autres arrivent peu à peu, au fil des années, au point où ils envisagent de renoncer à leurs attachements. Au retour d'une visite à l'ashram en Inde, certains se rendent compte que ce qu'ils aimaient auparavant ne leur apporte plus rien. Ils cessent d'aller au cinéma ou de boire de l'alcool, choisissent une meilleure compagnie et passent plus de temps avec d'autres dévots qui participent à des *satsangs*.

Pour beaucoup, c'est le *darshan* d'Amma qui au départ les touche profondément et enclenche un processus de transformation. Une femme m'a confié qu'au fil des années, elle se sentait plus à l'aise avec elle-même et que ses relations avec les autres

étaient devenues plus faciles. Peu à peu, servir est devenu une part de sa vie ; elle s'est rendu compte qu'en dehors du *darshan* d'Amma, c'est ainsi qu'elle se sent la plus proche de Dieu. Grâce à cette lente évolution, elle est arrivée à la conclusion que la seule voie pour elle est de se tourner vers la spiritualité. Cette croissance spirituelle est plus lente qu'un changement subit. En avançant trop vite, on a tendance à revenir à son ancien mode de vie parce que les *vasanas* sont trop profondément enracinées et qu'il est difficile de se débarrasser de toutes les *vasanas* à la fois. Si un chacal se promet de ne plus hurler à la lune, il tient parole pendant un mois… jusqu'à la pleine lune suivante !

Des milliers de gens ont rencontré Amma et reçu son amour divin. Leur vision de la vie en a été transformée, leur vie a changé. Dans le village même où Amma a grandi, beaucoup de ceux qui étaient au début hostiles à l'ashram le soutiennent aujourd'hui activement. Même les beaux-frères d'Amma avaient été au départ opposés à l'ashram. C'est après avoir épousé les sœurs d'Amma qu'ils sont devenus des dévots fervents.

Une Suissesse m'a raconté son expérience, particulièrement émouvante. Elle souffrait d'une dépression très profonde et avait fini par entrer à l'hôpital psychiatrique. C'est l'année suivante qu'elle a rencontré Amma. Elle espérait que celle-ci la guérirait et avait préparé toute une série de questions auxquelles Amma n'a pas répondu. Elle lui a simplement dit de méditer dix minutes par jour. Cette femme avait le sentiment de ne pas en avoir la force. Trois mois plus tard, elle a pu quitter l'hôpital, sans grand espoir toutefois de surmonter sa maladie.

Il était clair pour elle qu'Amma était un *mahatma*, mais il lui semblait qu'elle ne pouvait pas l'aider à vaincre cette terrible dépresssion. Elle se sentait condamnée à la maladie, comme un prisonnier à perpétuité. Sa sœur a un jour demandé à Amma comment elle pouvait l'aider. Amma a répondu : « Dis à ta sœur qu'elle est sous la protection d'Amma. »

Malgré sa maladie, elle s'est mise à travailler avec sa mère qui, à quatre-vingt-dix ans, laminait des photos et des auto-collants destinés à la vente pendant le tour. Ce service désintéressé a peu à peu éveillé en elle la joie, la joie d'aider autrui.

L'année suivante, quand Amma est venue en Suisse, cette femme nous a accompagnés lors d'une promenade autour de la maison de sa sœur, qui hébergeait Amma pendant trois jours. Au cours de la promenade, Amma s'est assise sur un petit pont de bois pour méditer au bord du ruisseau et nous nous sommes assis sur la berge. En écoutant le clapotis de l'eau, il a semblé à cette femme que le poids si lourd qu'elle portait sur les épaules s'en allait au fil du courant. La nuit suivante, elle a eu une autre révélation puissante : en revenant du programme, tôt le matin, Amma est passée devant elle et lui a touché la main. Grâce à ce contact physique, il lui a été révélé en une fraction de seconde qu'Amma est la Vérité. Intérieurement, elle a senti que Dieu l'acceptait, qu'Il ne la condamnait pas comme elle l'avait toujours cru.

Amma a travaillé sur elle de l'intérieur, elle en a conscience. C'est peut-être le travail désintéressé auquel elle a participé qui lui a apporté la grâce d'une guérison. Par la grâce d'Amma, elle a réussi à arrêter les tranquillisants et la méditation IAM l'aide à garder son équilibre intérieur, dit-elle. Enfin soulagée de la sérieuse dépression qui avait assombri tant d'années de sa vie, c'est comme si elle avait reçu une seconde chance.

Quand nous rencontrons Amma et aspirons à ne faire qu'un avec elle, il est naturel que tout ce qui en nous n'est pas en harmonie avec son amour divin et sa pureté parfaite remonte à la surface. Ces obstacles tantôt sont détruits, tantôt transformés. C'est seulement quand nous prenons conscience de nos faiblesses que nous travaillons consciemment pour changer.

Amma nous offre à tous un nouveau départ. Où que nous soyons dans le monde, la conscience toute fraîche du véritable but de la vie et le pouvoir de son amour nous permettent de donner un sens à notre vie. Sa vie est le parfait exemple des qualités qu'il nous faut essayer d'assimiler. Amma éveille chez des millions de gens le désir d'aider, d'aimer et de servir l'humanité.

Cette transformation évoque l'image de la chenille qui tisse son cocon, reste quelque temps à l'intérieur, puis sort sous la forme d'un papillon multicolore qui offre au monde sa beauté et suscite l'émerveillement. Amma métamorphose ses enfants en magnifiques papillons. Le cocon d'amour qu'Amma tisse autour de chacun de nous, nous nourrit et opère une transformation magique. Elle nous lâche ensuite dans le monde pour ajouter à la beauté de sa création.

Pouvez-vous imaginer le ravissement qui se lit sur le visage d'Amma quand elle regarde ses papillons voleter autour d'elle, tandis que la brise effleure son sari ? Elle rit et sourit de joie, ravie, devant les beaux papillons qu'elle crée pour chasser les souffrances du monde, ajoutant ainsi une autre touche exquise à sa création.

Comme j'aspire à contempler
la beauté de Ta forme,
Mais un seul regard sur Toi
Et mes yeux impurs doivent tomber.
Devant Tes yeux de lotus,
Pleins d'amour et de compassion,
Je sens fondre mon mauvais cœur.
Mon rêve de Toi,
Voilà tout ce à quoi je peux m'accrocher,
Toi si proche
Et pourtant si lointain.

Chapitre 16

Reconstruire les corps, les esprits et les âmes

« Une expérience apparemment négative
contient toujours un message divin caché.
Il suffit de pénétrer sous la surface de la situation
pour que le message se révèle.
Mais nous restons en général à la surface. »

Amma

On l'a appelé le Dimanche Noir. Le 26 décembre 2004, lendemain de Noël, le tsunami a frappé l'Asie du Sud-Est et l'Inde. La vie n'y sera plus jamais la même. On peut reconstruire des maisons effondrées mais comment reconstruire une vie brisée ? Celui qui a vu, impuissant, la vie emportée devant ses yeux, comment pourrait-il être le même ?

Dans les villages côtiers, il y a eu des milliers de morts. Plus nombreux encore sont ceux qui ont perdu leur maison, qui en fait ont tout perdu dans le raz de marée qui a balayé et ébranlé la côte. La plupart des gens qui vivent près de l'ashram n'avaient de toute façon pas grand-chose. Après le désastre, ils n'avaient plus rien. De nombreux villageois ont perdu leurs enfants. Ils ont eu beau les serrer dans leurs bras de toutes leurs forces, quand la mer a fait irruption, la vague était trop forte et leur a arraché les enfants. Comment faire ensuite pour affronter de nouveau le monde ?

Nous les avons entendu raconter comment ils ont vu, impuissants, un ou plusieurs membres de leur famille se noyer. Un homme qui tenait son père a perdu prise et l'a vu se noyer devant ses yeux. Il ne sera plus jamais le même. Certaines femmes se plaignent qu'elles ne peuvent plus dormir la nuit ; dès qu'elles s'allongent pour se reposer, elles revoient la scène de la vague qui arrive et cela déclenche chez elles une migraine très douloureuse. On ne compte plus les histoires à vous briser le cœur de gens qui ont perdu parents, maisons, moyen de travail. C'est la communauté tout entière qui a porté le deuil pour cette immense souffrance, non seulement ici en Inde, mais aussi dans d'autres pays.

Amma nous avait avertis pendant le tour en été 2003 que de grandes catastrophes risquaient de se produire en 2005 mais qu'il n'y avait rien à faire, sinon prier. L'astrologue de l'ashram m'avait confié la veille que le 26 décembre marquerait le début d'une mauvaise période. Aucun d'entre nous ne soupçonnait qu'il s'agissait d'un euphémisme. Le matin même de la catastrophe, pendant le *darshan*, Amma avait le pressentiment qu'un malheur allait arriver. Elle essayait frénétiquement de terminer le *darshan* le plus vite possible. Un *brahmachari* est venu lui rapporter un phénomène étrange : les eaux de la mer s'étaient retirées. Amma savait que les eaux allaient revenir et a ordonné de conduire tous les véhicules de l'ashram hors de la presqu'île, sur le continent. Il y avait de nombreux véhicules, des bus, les voitures des dévots, en tout environ deux cents, et grâce à sa prévoyance, aucun n'a été perdu. Elle avait en outre ordonné de monter dans les étages tout ce qui se trouvait au rez-de-chaussée du bâtiment de l'*ayurveda*, situé sur la plage.

Dès qu'Amma a été informée que les eaux montaient, juste à l'extérieur des murs de l'ashram, elle a donné des instructions pour parer à toute éventualité : il fallait couper l'électricité et informer la ville voisine, pour faire mettre hors circuit le transformateur qui fournit de l'électricité à toute la presqu'île. Ceci a évité de nombreux cas d'électrocution. Peu après, une vague torrentielle a balayé l'ashram, elle est montée jusqu'à la taille des gens et bien plus haut en certains endroits. Quand l'eau a commencé à se retirer, Amma a pataugé dans les eaux noires. Elle a examiné la situation, puis elle a dirigé l'évacuation des visiteurs, des résidents et des villageois qui étaient venus chercher refuge à l'ashram.

L'AICT (Institut Amrita de Technologie Informatique) et l'Ecole d'ingénieurs situées de l'autre côté de la lagune ont servi d'abri à des milliers de personnes dont beaucoup avaient perdu leur maison. L'Ecole d'Ayurvéda récemment construite a accueilli les urgences, les villageois qui avaient perdu un membre de leur famille, les malades et les blessés. En outre, les écoles d'Amma ont servi d'abris de secours. Amma a veillé à ce que les milliers de personnes touchées par la catastrophe soient nourries et une distribution de vêtements fut organisée pour les villageois qui avaient tout perdu. Amma s'est rendue auprès des dévots pour les consoler et les réconforter en ce moment de deuil.

Après l'inondation, Amma a assuré la sécurité et la protection de tous ses enfants, à chaque instant, y compris celle de ses enfants animaux. Une fois tout le monde évacué, Amma a fermement déclaré qu'elle ne partirait pas tant que les vaches et les éléphants ne seraient pas en sûreté. Au cas où une autre

vague surviendrait, elle a fait mettre les vaches en sécurité dans le temple, qui ressemblait un peu à une arche de Noé ! C'est seulement après minuit, les vaches étant montées dans le temple et les éléphants ayant marché une heure et demie pour sortir de la presqu'île et atteindre le continent, qu'Amma a quitté l'ashram.

Quand Amma est arrivée de l'autre côté de la lagune, nous avons remarqué que ses lèvres étaient sèches. Elle avait refusé de prendre ne serait-ce qu'une goutte d'eau ce jour-là. Comment pouvait-elle boire quand tant de gens étaient morts ? Pendant des jours après la catastrophe, Amma a marché pieds nus. Depuis le moment où elle a quitté l'ashram pour traverser la lagune, elle a refusé de porter ses chaussures, même quand elle faisait des tournées pour aller voir les réfugiés installés dans les instituts. C'était comme si elle avait pris la résolution de ne pas porter de chaussures à un moment où tant de gens souffraient.

Jusqu'au lendemain matin, Amma a infatigablement raconté les événements du tsunami à tous les dévots qui appelaient l'ashram, inquiets pour tous les gens qui s'y trouvaient. Une *brahmacharini* qui vit dans une des écoles, dans un état de l'Inde très éloigné de l'ashram, a dit que son esprit n'avait retrouvé la paix qu'après avoir entendu Amma lui raconter en détail les péripéties de la journée. Amma le savait, c'est pourquoi elle a fait l'effort de rassurer tous ceux qui s'inquiétaient à notre sujet. Même au téléphone, Amma s'est efforcée de consoler les autres et de leur apporter le réconfort.

Pendant la période d'évacuation, les dévots ont démontré qu'ils avaient assimilé l'enseignement d'Amma au sujet du non-attachement et du renoncement . Au moment de partir, la plupart des visiteurs et des résidents n'avaient rien emporté, ils n'avaient que les vêtements qu'ils portaient sur eux ce jour-là. Pas de natte pour s'allonger, pas de châle pour se couvrir la nuit, même pas une brosse à dents. Mais ils ont découvert qu'ils s'en contentaient joyeusement, sans les possessions personnelles dont ils disposaient habituellement. En se rappelant tristement ceux qui avaient tout perdu, il était plus facile d'être reconnaissant d'avoir des vêtements sur le dos et un endroit sûr et propre pour dormir.

Dans le monde entier, les gens ont ouvert leur cœur face à la souffrance qui avait frappé tant de victimes. Le corps, l'esprit et l'âme d'Amma pleuraient pour eux. Elle a pu leur offrir non seulement un soulagement sur les plans physique et financier, mais encore consoler leur cœur et leur âme. Amma a demandé à chacun de prier tant pour les vivants que pour ceux qui étaient morts dans la tragédie.

Une femme de Madras (Chennai) nous a raconté un incident qu'elle avait vu à la télévision. Une pauvre femme et son fils avaient faim et attendaient qu'on leur apporte à manger. Quand le camion est arrivé, on leur a donné de la nourriture mise sous vide. En voyant l'expression sur le visage de cette femme, il était facile de voir qu'une odeur nauséabonde émanait du sachet de nourriture. Bien qu'ils aient eu très faim, cette femme et son fils n'ont pas pu manger la nourriture après avoir senti qu'elle était gâtée. A contre-cœur, ils ont déposé le paquet de nourriture au pied d'un arbre. Un chien qui passait par là a reniflé le paquet mais même ce chien n'en a pas voulu. La nourriture se gâte ainsi quand elle est mise sous vide avant d'avoir eu le temps de refroidir.

Les organisations de secours essayaient d'aider, mais elles n'étaient malheureusement pas sous la direction de quelqu'un comme Amma, qui s'assurait avec amour que l'on servait aux villageois une nourriture fraîche, encore chaude, qui venait tout droit de la cuisine, dans de grands récipients, non en paquets. Elle connaissait leur tristesse ; elle a donc fait des efforts extraordinaires pour s'assurer que leur soient servis la sorte de riz et le genre de nourriture qu'ils aimaient.

Amma seule connaît le cœur de ceux qui sont dans le malheur. Les paroles de consolation que nous avons à leur offrir n'ont pas toujours grand effet sur eux. Mais si Amma les caresse avec une affection maternelle, sans rien dire ou en versant une larme silencieuse tout en les prenant dans ses bras, cela suffit à dissiper une partie de leur chagrin.

Amma était si bouleversée par la situation de ceux qui avaient tout perdu qu'une nuit, elle a passé des heures à coudre des jupons pour les femmes du village. Depuis, l'ashram a fait don de machi-nes à coudres et a offert une formation de couturières aux femmes qui le désiraient pour qu'à l'avenir, elles aient un moyen de gagner leur vie.

Même si les bâtiments de l'ashram n'ont pas été endommagés, l'eau putride et la boue ont envahi les locaux et les magasins situés au rez-de-chaussée. Tout le monde a travaillé avec beaucoup d'amour, d'enthousiasme et de dévotion pour sauver ce qui pouvait l'être. Nous avons tout nettoyé, en travaillant dur, mais heureux de le faire dans un tel moment.

Tous les résidents de l'ashram et les visiteurs ont contribué aux secours que l'on s'efforçait d'apporter aux villageois. Un Allemand assez âgé travaillait sans relâche à la cuisine et il disait : « Ma seule prière est de pouvoir faire quelque chose d'utile pour les autres. La seule chose qui m'attriste, c'est que je suis vieux maintenant et que j'aurais pu faire beaucoup plus si j'étais jeune. » Les dévots indiens ont envoyé des camions entiers de vêtements à distribuer aux villageois qui avaient perdu leur maison. Pendant des jours, les femmes ont travaillé pour trier et plier ces montagnes de vêtements.

Quatre jours après que la décision ait été prise de reloger les réfugiés du tsunami, les logements temporaires étaient presque terminés. Les résidents et les autres bénévoles ont travaillé jour et nuit pour terminer ces abris. Le *brahmachari* responsable de leur construction a travaillé inlassablement. La nuit, Amma lui téléphonait toutes les deux heures pour savoir comment avançaient les travaux. Il était toujours là, il s'est privé de sommeil pendant des jours pour essayer de finir ces abris dont les sinistrés avaient un besoin urgent. En cinq jours, neuf abris ont été construits par l'ashram. Il est difficile de décrire avec quel amour les dévots d'Amma travaillent. L'état d'esprit ne peut être compris que par d'autres dévots. Ceux qui ne recherchent que les plaisirs matériels ne connaîtront jamais l'amour qui anime ces bénévoles.

Des mois après le tsunami, Amma fournissait encore trois repas par jours à vingt-sept mille personnes, dans le Kérala et le Tamil Nadu. Elle insistait pour que les réfugiés mangent d'abord et les résidents de l'ashram ensuite, respectant l'esprit qui consiste à faire passer les autres avant nous-mêmes.

Les villages de la côte du Kérala ne seront plus jamais les mêmes mais ils ont la grâce de la présence d'Amma toute proche, qui veille et fait tout ce qu'elle peut pour les aider. Un journaliste a demandé à Amma comment elle pouvait s'engager à donner vingt-trois millions de dollars pour aider les victimes du tsunami en Inde du Sud. Amma a répondu : « Les résidents de l'ashram travaillent jour et nuit sans demander aucun salaire. Ils conduisent les véhicules et les pelleteuses, ils construisent les murs. Nous ne faisons appel à aucune entreprise. Tous les matériaux, les briques, les portes, les fenêtres et les meubles sont fabriqués par nos *brahmacharis*. Nous installons l'électricité, la plomberie et le gros œuvre. Ce travail de construction n'a rien de nouveau pour nous. Ces dernières années, nous avons offert des maisons gratuites aux pauvres en quarante-sept endroits de l'Inde. »

Amma a toujours affirmé que c'était grâce au travail désintéressé des dévots qu'elle pouvait accomplir autant. Jamais elle ne s'attribue le mérite de quoi que ce soit. Dès le début, quand a eu lieu son premier miracle, elle a dit qu'il avait été fait avec d'autres mains que les siennes. Telle est l'ampleur de son humilité.

Après l'inondation, des hommes sont venus du Gujarat pour aider aux travaux de secours. Ils avaient fait une collecte de riz et de nombreux autres objets pour les villageois de la côte mais malheureusement, les frais de transport en camion juqsu'au Kérala excédaient de beaucoup la valeur de la marchandise. Alors ils ont donné tout cela au gouvernement du Gujarat au nom d'Amma et ils ont décidé de faire le voyage jusqu'à l'ashram pour apporter leur aide. Ils ont dit à Amma : « Amma, tu nous as aidés quand nous étions dans le besoin, maintenant que le village où tu es née a été détruit, nous voulons t'aider à le reconstruire. » Amma a été extrêmement touchée par la sincérité de leur geste et elle les a envoyés sur les chantiers, construire les abris provisoires.

Au moment du tsunami il y avait plus de quinze mille personnes à l'ashram, juste sur la côte. Mais par la grâce d'Amma, personne n'a été blessé. Si des centaines de milliers de personnes ont péri lors du tsunami, il y a eu aussi beaucoup de survivants. Leur histoire montre que c'est la grâce seule qui les a sauvés.

Une écolière britannique qui passait les vacances en Thaïlande avec sa famille a sauvé des centaines de personnes. Elle venait juste d'étudier les tsunamis à l'école et, en voyant l'océan se retirer, elle a su ausitôt qu'il leur restait dix minutes avant qu'une vague extrêmement puissante ne déferle sur ce village côtier. Elle en a informé sa mère et toute la zone a été évacuée. Grâce à cette enfant, d'innombrables vies ont été sauvées.

Un petit garçon indonésien âgé de cinq ans jouait chez lui quand le tsunami est arrivé et l'a emporté dans l'océan. Il a survécu pendant deux jours sur la mer en flottant sur un matelas. Il a dit qu'il n'avait pas eu peur parce qu'il avait l'habitude de jouer dans l'eau, mais qu'il avait eu très froid. Ce sont des pêcheurs qui l'ont recueilli, mais en réalité c'est la grâce seule qui l'a sauvé.

Un habitant des îles Nicobar a été emporté par les eaux puissantes. Quand la mer l'a rejeté sur la rive, il a découvert qu'il était le seul survivant sur l'île. Il a vécu en se nourrissant de noix de coco pendant vingt-cinq jours jusqu'à ce que l'armée le sauve. Dans d'autres îles, certains ont survécu de cette manière pendant quarante-cinq jours.

Rien n'arrive par hasard. Lors d'une catastrophe naturelle ou un attentat comme celui qui a provoqué l'effondrement des tours du World Trade Center à New York, c'est le destin qui détermine la mort des victimes en ce lieu et à ce moment précis. Leur *karma* est de quitter le corps à cet instant. Le corps périt, certes, mais l'*atman* demeure, à jamais indestructible.

Un journaliste a demandé à Amma si le tsunami était un message de mère Nature. « La nature nous dit de ne pas l'exploiter ». a répondu Amma. Mais bien que cette tragédie soit encore toute récente, chacun fait de nouveau semblant de dormir, ce qui prouve que nous n'avons rien appris de cette leçon. D'autres catastrophes risquent donc de se produire.

Amma dit : « Tout ce qui nous arrive maintenant est le

résultat de nos actions passées. En faisant des actions justes dans le présent, nous pouvons créer des lendemains meilleurs. Il est inutile de ruminer le passé. Mieux vaut essayer de prendre part à la souffrance des survivants. Il s'agit d'allumer dans notre cœur la flamme de l'amour et de tendre une main secourable à ceux qui souffrent.

Ce petit poisson avait autrefois
L'habitude de nager
Dans une mer d'illusions,
Eaux sombres et profondes.
Les vagues de douleur
Y faisaient rage sans fin.
Au milieu des mers en furie
Tu lui as offert un abri,
Une grotte où Tu demeures
Où le malheur ne peut entrer,
Un refuge pour nous, âmes perdues et solitaires.
Avec joie je suis venue me mettre sous Ta protection.
Tu m'as ouvert les bras,
Toi la compassion, Toi l'amour.
Je ne cherche plus à nager
Dans cette mer d'illusions ;
Je sais qu'un calme et doux refuge m'attend
Auprès de Toi.

Chapitre 17

Puiser dans notre force intérieure

« L'amour et la beauté sont en vous.
Essayez de les exprimer par vos actions
Et vous toucherez sans aucun doute
la source même de la béatitude. »

Amma

Il y a environ quinze ans s'est produit un incident qui est resté profondément gravé dans ma mémoire. Nous étions quelques uns dans une pièce avec Amma. Elle s'est tournée vers moi et s'est mise à chanter quelques vers d'une chanson. Quelques *brahmacharis* qui se trouvaient là ont regardé à qui s'adressait le chant. Comme la moitié d'entre eux souriait et que l'autre semblait triste, j'ai voulu connaître le sens des paroles et j'ai demandé à quelqu'un de me les traduire.

En gros, ces paroles signifiaient : « Puisque tu es née femme, ton destin est de pleurer. » Je m'en suis toujours souvenue. Le destin des femmes à travers l'histoire et même depuis le début de la création, a été de souffrir, soit aux mains d'autres personnes soit à cause de leur état intérieur. Amma connaît bien la souffrance et la peine que les femmes endurent. Elle a décidé qu'il fallait mettre un terme à la douleur que les femmes subissent depuis des temps immémoriaux. Pour surmonter cette souffrance, il nous faut trouver la force inhérente à notre soi spirituel, ce qui nous permettra d'incarner pleinement notre nature divine.

Au fil des années, Amma a été invitée à parler à plusieurs conférences. Il n'est pas dans sa manière d'imposer son enseignement à qui que ce soit. Elle dit qu'il faut en quelque sorte lui soutirer la connaissance. Mais le destin a voulu qu'en 2002, elle soit invitée à prononcer un discours lors de la Réunion des Femmes et des Maîtres Spirituels en faveur de la Paix mondiale, aux Nations Unies à Genève. Comme elle a grandi dans une société qui opprime les femmes, son discours, l'Eveil de l'Amour maternel universel, reposait sur l'expérience vécue. Amma a encouragé les femmes à cultiver leurs qualitées innées de compassion, de patience et d'empathie, à réveiller en elles ces vertus latentes en toute femme. Amma a appelé les femmes à se lever et à agir contre la souffrance transmise de mère en fille pendant tant de générations.

Amma a grandi dans un environnement qui imposait aux filles des règles dures et sévères, mais elle n'a pas permis à ces coutumes opprimantes de l'affecter. La mère d'Amma avait l'habitude de dire que la terre ne devrait même pas sentir les pas d'une femme et que les murs ne devraient pas l'entendre parler. Quand il y avait des invités à la maison, les filles devaient rester dans leur chambre car il ne fallait pas que les visiteurs les voient ou les entendent. Amma était plus grande que son frère cadet, mais elle devait se lever quand il entrait dans la pièce.

Malgré cette éducation étouffante, la force intérieure d'Amma n'a jamais diminué. En fait, les difficultés l'ont rendue plus forte, l'ont aidée à développer plus de compassion et à mieux comprendre comment vivent la plupart des femmes dans le monde. Malgré les punitions que lui infligeaient ses parents, Amma a maintenu fermement l'engagement qu'elle avait pris d'aider ceux qui sont dans le besoin. Avec le temps, la famille d'Amma a compris que la force intérieure d'Amma était telle qu'il n'y avait pas de compromis possible. C'était une lumière qui refusait d'être voilée et brillait pour alléger la souffrance de tous ceux qui l'approchaient.

Quand Amma a parlé de l'amour maternel à Genève, il ne s'agissait pas pour elle d'un concept théorique. Elle manifeste cet amour maternel à chaque minute de sa vie. Enfant déjà, elle l'exprimait dans sa famille et dans tout le voisinage. Ceux qui la rencontrent pour la première fois disent qu'ils sont incapables d'expliquer l'effet profond qu'elle a sur leur être intime et nombre d'entre eux fondent en larmes. Tel est le pouvoir de son amour divin. Amma, qui n'est allée que quatre ans à l'école, a accompli l'inimaginable en restant centrée dans « la puissance de l'amour maternel ».

Aux Etats-Unis, un homme a voulu un jour argumenter contre certaines affirmations d'Amma dans son discours. Il a dit qu'Amma venait d'un petit village et que dans le nord de l'Inde, d'où il était originaire, c'étaient les femmes qui étaient en réalité à la tête de la maisonnée.

Amma s'est tournée vers lui et lui a fait cette réponse bien sentie : « Prends-tu Amma pour une petite grenouille qui vit dans un puits ? Elle est comparable à une grosse grenouille qui vit dans l'océan ! » Puis elle a ajouté qu'elle parlait à partir de son expérience, ayant rencontré plus de trente millions de personnes au cours des trente dernières années. La moitié étaient des femmes dont elle a essuyé les larmes en s'efforçant de les réconforter.

C'est miracle de voir comment Amma transforme la vie

d'innombrables personnes grâce au pouvoir de l'Amour maternel. Elle montre au monde entier que cela fonctionne et que si hommes et femmes travaillent ensemble, non seulement ils parviendront à rétablir l'harmonie dans la société mais ils retrouveront leur véritable identité d'être humain. Lorsque nous prenons conscience de notre potentiel réel, nous nous apercevons que nous sommes capables de faire beaucoup plus que ce que nous pensions. L'amour inépuisable d'Amma nous inspire et nous donne la force d'aller au-delà de nos limites et de vivre d'une manière moins égoïste.

Amma connaît nos capacités. Elle veut que les femmes soient totalement autonomes, dans tous les domaines. A l'ashram, elle a demandé à des femmes de se charger de tâches traditionnellement faites par des hommes, comme par exemple les achats et les comptes. Dans les institutions d'Amma, en Inde, les femmes dirigent des facultés et des écoles. Une année, lors d'un des tours du nord de l'Inde, Amma a insisté pour que toutes les femmes chargent les sacs et le matériel sur les cars, un travail ordinairement assumé par les hommes.

Après le tsunami, Amma a envoyé beaucoup des *brahmacharinis* nettoyer les maisons du village. Ces filles ont passé des journées entières à pelleter du sable, à déplacer des pierres et des débris, tout cela par amour pour Amma. Pendant des jours, elles ont travaillé dans la chaleur pour soulager la souffrance d'autrui.

Amma a posté deux filles comme vigiles de nuit sur le lieu où l'on construisait les maisons neuves, non loin de l'ashram. Nous en avons tous été surpris, étant convaincus qu'il s'agissait d'un travail qui ne convenait pas aux femmes. Mais Amma a insisté en disant que ses filles avaient tant de courage qu'il n'y avait aucune raison pour qu'elles ne fassent pas ce travail.

Un jour, lors d'un Dévi *bhava*, j'ai vu une *brahmacharini* qui racontait ses problèmes à Amma. Pour toute réponse, Amma lui a demandé de montrer ses biceps et a dit : « Regarde ! Tu as des muscles, tu en es capable ! » Les femmes se plaignent parfois qu'il leur faut apparemment travailler beaucoup plus dur que les hommes. J'ai un jour demandé à Amma comment les femmes perdent leur énergie, sachant qu'un homme la perd par l'émission de semence. Elle a répondu que les pensées et les émotions constituent une perte d'énergie spirituelle chez les femmes. C'est pourquoi elles ont en général plus de travail

physique à assumer que les hommes, pour leur permettre de canaliser leurs pensées et leurs émotions dans une direction positive au lieu de perdre leur force intérieure.

Jamais le monde n'a connu un être comme Amma, jamais personne n'a pris dans ses bras autant de gens, exprimé autant d'amour et de sollicitude. La patience et la compassion d'Amma sont infinies. Elle donne ce dont le monde a besoin : l'amour d'une mère. La force de cet amour agit peut-être lentement, mais sa grandeur et sa puissance surpassent tout. Il n'est pas nécessaire d'enfanter pour comprendre le principe maternel car Amma nous dit qu'en essence, c'est l'amour. Il s'agit d'un état intérieur.

« Comment Amma peut-elle passer ainsi des heures et des heures à donner *darshan*, en dormant et en mangeant très peu ? » s'interrogent souvent les gens. Amma a un corps humain mais elle n'en est pas consciente. Quand elle voit les foules venir à elle avec toute leur souffrance, elle ne peut s'empêcher de voir jusqu'à la dernière personne, dit-elle. Si Amma peut donner autant, c'est que le pouvoir de son esprit lui permet de transcender toutes les limites du corps. Exemple universel, elle nous invite à puiser dans nos ressources intérieures pour aller au-delà de nos limites.

Les tournées d'Amma se déroulent selon un emploi du temps extrêmement rigoureux. Pour la suivre, tous autant que nous sommes, nous devons faire appel à la force intérieure. Par ses propres forces, aucune personne normale ne peut maintenir un emploi du temps aussi exigeant, qui constitue un tel défi. Mais nous laissons Amma œuvrer à travers nous. Grâce à cet abandon de nous-mêmes, nous découvrons que nous pouvons aller plus loin que nous ne l'aurions cru. Bien souvent, les gens n'arrivent pas à comprendre comment nous faisons pour travailler autant ; mais si nous sommes mus par l'amour, nous trouvons toujours la force d'agir. Une femme enceinte porte son enfant pendant les neuf mois de la grossesse. Même si le poids du bébé lui semble parfois intolérable, son amour pour lui fait qu'elle l'accepte.

En 2004 pendant le tour du nord de l'Inde nous sommes passés par Bhopal. Ce soir-là, Amma n'était pas bien, elle était même très malade. J'avais des médicaments, mais elle a refusé de les prendre. La sachant malade, nous étions inquiets car plus de cent mille personnes l'attendaient. Comment allait-elle pouvoir les recevoir tous ? Amma a pourtant donné le *darshan* toute la nuit et le lendemain matin. Elle nous inspire sans cesse le désir d'aller plus loin, de dépasser ce que nous croyons être nos limites.

Une histoire célèbre raconte comment, au moment où le Titanic a sombré, les gens se sont précipités sur les embarcations de sauvetage. Un de ces bateaux était surchargé et il fallait qu'un volontaire se sacrifie pour sauver les autres. Un homme a très courageusement plongé dans les eaux froides et a donné sa vie pour les autres passagers. Cet homme courageux a fait appel à sa force intérieure. Lorsque nous comprenons qu'Amma se sacrifie chaque jour pour l'humanité qui souffre, nous avons naturellement le désir de lui offrir notre vie en la servant.

Lors de la célébration d'Amritavarsham 50, Amma s'est rendue à AIMS pour participer au Sommet des Chefs d'Entreprises qui s'y déroulait. A l'entrée principale de la salle de conférence, il y avait sur le sol un motif floral complexe. Amma fait d'habitude très attention à ne pas abîmer ces compositions florales mais, ce jour-là, elle regardait tous les gens présents et elle n'a pas remarqué le *mandala* de fleurs. Par inadvertance, elle a marché sur le bord du motif avant de se diriger tout droit vers la scène.

Une fois assise sur la scène, Amma s'est baissée, a retiré de la plante de son pied une grosse punaise et me l'a tendue. Cela m'a fait un choc et à l'idée de la douleur qu'avait dû éprouver Amma, je me suis sentie mal. La moindre piqûre d'épingle nous fait très mal, alors que dire d'une punaise longue d'un centimètre qui nous rendre dans le pied ? En pensant à la douleur d'Amma, j'étais très perturbée mais elle n'a même pas cillé. Elle a continué à écouter les discours des invités, puis elle a donné son propre *satsang*.

Discrètement, j'ai essayé de faire venir les chaussures d'Amma et de me procurer un coton imbibé d'alcool et un pansement pour pouvoir soigner la plaie et prévenir le risque d'infection. J'ai sollicité deux personnes, mais sans résultat.

Après la conférence, qui dura une heure, Amma est allée dans une salle plus petite discuter avec quelques uns des chefs d'entreprise. J'ai finalement réussi à me procurer le coton imbibé d'alcool et à le passer sur la plaie. Mais quand j'ai essayé de mettre le pansement, Amma me l'a enlevé des mains car elle avait commencé à recevoir les orateurs de la conférence pour leur donner *darshan*. A deux reprises, j'ai essayé de lui reprendre le pansement, pour que cela ne la gêne pas, mais elle ne me l'a pas permis. Elle a ensuite appelé trente autres personnes pour le *darshan*, gardant toujours le pansement dans la main. Puis elle a traversé l'hôpital et s'est arrêtée pour rendre visite à une malade dont c'étaient les derniers moments. Amma s'est encore arrêtée en pédiatrie pour caresser quelques bébés dans l'unité de soins intensifs. Pendant tout ce temps, elle a marché pieds nus.

Quand nous sommes finalement montés dans la voiture pour retourner au stade où se déroulait Amritavarsham, Amma a ouvert la main et j'ai vu qu'elle tenait toujours le pansement. Elle a refusé de laisser qui que ce soit examiner son pied ; jamais elle n'a pensé à elle-même, trop occupée à penser aux besoins des centaines de milliers de dévots.

Le lendemain, Amma s'est rendue compte que son pied commençait à s'infecter et elle a décidé de prendre des antibiotiques. Comme elle les a pris sur un estomac vide, cela lui a donné la nausée. Elle a pourtant donné *darshan* pendant dix-neuf heures, prenant dans ses bras près de cinquante mille personnes. Plus tard Amma m'a raconté qu'il y a eu un moment pendant le *darshan* où elle ne distinguait plus rien. Sa vue avait baissé au point que toute la foule se fondait devant elle en une masse. Personne n'en a rien su, car elle a malgré tout continué à étreindre les gens pendant des heures.

Plus tard, j'ai fait une remarque aux femmes qui avaient fait le *mandala* floral en leur disant de ne pas utiliser de punaises parce que c'était dangereux. Elles ont répondu qu'elles n'en avaient pas employé. J'ai personnellement le sentiment qu'Amma, au travers de cet incident, a pris sur son propre corps tout ce qui aurait dû se produire de néfaste au moment de cette célébration, car pendant ces quatre journées auxquelles tant de gens ont participé, il n'y a eu aucun incident, aucun blessé.

Un journaliste lui a un jour demandé quel était le secret de son succès. Amma a suggéré que les gens trouvaient peut-être en elle ce qui est essentiel pour tous mais qui leur manque. Comme il voulait en savoir plus, Amma a répondu : « C'est l'amour » et elle a ajouté : « Il existe deux sortes de pauvreté, la pauvreté matérielle et la pauvreté en amour et en compassion. En éveillant l'amour et la compassion, on fait disparaître également la première sorte de pauvreté. »

L'amour et la compassion d'Amma lui donnent la force d'accomplir des choses incroyables et d'avoir une influence sur des millions de vies dans le monde. Expression de l'amour, la compassion a le pouvoir de faire disparaître la souffrance. Fruit de la véritable compréhension, elle nous donne la force d'accomplir n'importe quelle tâche.

Un chant long et triste,
Voilà ce que j'aspire à chanter pour Toi !
Que les larmes Te viennent, que Ton cœur fonde !
Je désire simplement que Tu verses une larme
Pour moi qui ai pleuré des océans
en T'appelant.
Mais quand Tu brilles dans mon esprit,
Tous les mots s'effacent.
Toi qui transcendes toutes les gunas
Comment parler de Toi ?

Aucun mot ne peut contenir Ta gloire
Aucune mélodie transmettre Ta beauté.
La beauté et la gloire de tout ce qui existe
Tu les as dérobées
Elles sont contenues en Toi.
Et Tu as dérobé mon cœur aussi.
Seules mes larmes tombent,
Sans T'émouvoir.

Chapitre 18

Le Paradis sur terre

« Le contentement et le bonheur dépendent
uniquement du mental
Et non des objets ou des circonstances extérieurs.
Le Ciel et l'enfer sont créés par le mental. »
Amma

Bien des gens croient que Dieu se trouve uniquement là-haut dans le ciel, assis sur un trône doré, et qu'il est impossible d'atteindre le Ciel tant que l'on est en vie. Selon Amma, il s'agit d'une conception erronée. Il est possible de trouver le paradis sur terre, ici et maintenant. Tout dépend de notre attitude intérieure. C'est nous qui créons le Ciel et l'enfer. Amma veut nous voir vivre constamment au Ciel.

Le mantra *Om Lokah Samastah Sukhino Bhavantu* (Puisse le monde entier être en paix et heureux) est comme une capsule qui contient ce qu'Amma souhaite pour le monde. Comme elle l'a déclaré bien des fois, elle veut que chacun ait un toit, puisse faire chaque jour au moins un repas complet et s'endormir le soir sans crainte. Tel est le rêve d'Amma.

Alors que nos multiples désirs ne concernent que nous-mêmes, ceux d'Amma sont désintéressés et visent à l'amélioration du monde. Sa vie est un effort constant pour nous purifier et nous élever, un effort où elle s'implique totalement. En nous donnant l'exemple, elle souhaite nous inciter à mener une vie juste et bonne. Amma incarne des vertus telles que l'humilité et la compassion, associées à un amour débordant pour le service de l'humanité. Au fil des années, quel émerveillement de voir s'épanouir les fleurs de la mission d'Amma. Partout où nous voyageons en Inde, nous rencontrons des manifestations tangibles de son amour : toutes les institutions qui ont vu le jour (écoles, universités, instituts de formation professionnelle, hôpitaux et dispensaires), les logements construits pour les pauvres et bien d'autres œuvres encore, qu'il est impossible de mentionner toutes.

Les instituts créés par Amma ont la réputation de posséder une technologie de pointe et d'employer des gens pleins d'abnégation. Amma ne s'attribue jamais le mérite du développement de l'ashram ni de toutes les activités charitables lancées sous son égide. Lorsqu'on lui demande comment elle a réussi à faire tout cela, Amma répond humblement : « Je ne revendique rien. Ce sont mes enfants qui ont rendu tout cela possible. Mes enfants sont ma fortune, ils sont ma force. »

Amma ajoute aussi que selon elle, le succès de l'ashram est dû au renoncement et à l'effort désintéresssé de ses dévots. Avant de lancer un projet caritatif, jamais elle ne s'est livrée à des calculs pour savoir si l'opération était faisable ou pas. Le point de départ de toutes les activités caritatives, c'est le besoin d'une partie de la population. En voyant leur situation et leur dénuement, Amma s'est engagée et par la grâce de Dieu, les choses se sont toujours mises en place quand elle a eu l'inspiration d'entreprendre un projet caritatif.

L'efficacité de l'organisation d'Amma repose sur les efforts bénévoles de ses dévots. Lorsque d'autres organisations récoltent de l'argent pour secourir les victimes de catastrophes, la plus grande partie sert à payer des salaires et des frais administratifs. Cela revient à transvaser de multiples fois de l'huile d'un verre à l'autre : à la fin, il ne reste presque plus d'huile. La plus grande partie est restée sur la paroi des verres. C'est ainsi que sur mille roupies données au départ, dix roupies seulement parviennent aux nécessiteux. En revanche, si on nous donne dix roupies, nous y ajoutons nos efforts et l'argent se multiplie. Telle est la puissance de l'abnégation : on peut commencer avec vingt centimes et finir avec un euro.

Ce don désintéressé est un cercle d'amour, et quand ceux qui ont reçu l'amour d'Amma à distance la rencontrent, le cercle est bouclé. Elle leur permet alors de découvrir, par l'expérience directe, que l'amour qu'ils ont senti est réel, durable, et qu'il fait partie de leur vraie nature. Ce don d'amour est fait pour l'éveiller en nous.

L'inspiration donnée par Amma ressemble à un accélérateur divin. Une fois que l'on appuie dessus, il fonctionne presque de lui même avec une force immense, qui ne vient pas de la domination mais de l'amour. C'est le contraire de notre concept ordinaire du pouvoir. Cet amour désintéressé est la clé de notre croissance spirituelle et des transformations qu'Amma peut opérer en nous. C'est en lui que nous puisons la patience et le courage qui nous guident dans les moments difficiles. Un individu touché par l'amour d'Amma fait bénéficier de nombreuses autres personnes de cette transformation. Amma inspire à des gens tout à fait ordinaires le désir d'accomplir des choses extraordinaires. Leur enthousiasme ne se réduit pas à l'idée de faire du service social ou de faire le bien. C'est beaucoup

plus que cela. C'est la manière dont les dévots expriment leur amour pour Amma.

Où que nous soyons, il est possible d'avoir une relation avec Amma et elle affirme qu'elle est toujours avec nous. Une jeune femme qui souhaitait vivement rencontrer Amma n'avait pas la possibilité de se rendre à Amritapuri car elle travaillait comme servante chez des gens très sévères et ne pouvait pas s'absenter. Elle s'est efforcé de fréquenter des dévots qui lui parlaient d'Amma. Quelle ne fut pas sa joie quand on lui a un jour offert une petite photo d'Amma ! Malgré tout, elle désirait ardemment la voir, recevoir son *darshan*. Un soir, plusieurs personnes l'invitèrent à les accompagner à l'ashram pour assister au Dévi Bhava. Mais elle n'en a pas obtenu la permission. Elle en a eu le cœur brisé.

Ce soir là, une fois les propriétaires partis, elle a posé la tête par terre pour pleurer. Soudain, elle a senti une présence dans la pièce. Elle a levé la tête et quelle ne fut pas sa surprise de voir Amma assise sur le sofa, habillée en Dévi, portant un sari vert ainsi que la couronne et les bijoux de la Mère divine. Un parfum très particulier l'entourait. « Est-ce un rêve ? » s'est-elle demandé. Mais elle savait bien qu'elle était éveillée. Amma l'a relevée, a essuyé ses larmes, puis elle a mis sa tête sur son épaule en lui disant : « Ma fille chérie, ne pleure pas. Je suis toujours avec toi. » Elle lui a tenu la main et l'a regardée profondément dans les yeux, puis elle a disparu.

Le lendemain, quand ses amis sont rentrés, elle leur a demandé quelle était la couleur du sari qu'Amma portait pendant le Dévi *bhava*. Ils lui ont confirmé qu'Amma portait en effet un sari vert. Quatre ans se sont écoulés depuis qu'elle a eu cette vision miraculeuse d'Amma. Elle n'a jamais réussi à aller à Amritapuri mais elle sait dans son cœur qu'Amma est toujours avec elle.

Ce sont les enseignements des maîtres réalisés qui constituent le fondement du Sanatana Dharma. Sous une forme subtile, les vibrations de leur réalisation et les grandes vérités qu'ils ont énoncées sont encore présentes. Amma est la perle de cette lignée ininterrompue.

Amma avait seize ans quand son frère cadet l'a un jour trouvée assise au bord de la lagune en train de pleurer. Tout d'abord, il a cru qu'elle pleurait parce que quelqu'un l'avait réprimandée ou battue. Quand il lui a demandé ce qu'elle avait, Amma l'a regardé et a répondu : « Fils, je sens la douleur du monde. J'entends les pleurs de l'humanité qui souffre et je connais le remède à leur souffrance. » Cette compassion s'est manifestée pendant toute sa vie ; elle est le fondement de tous ses actes ; c'est ce qui la pousse à toujours venir à nous pour nous tendre la main.

Il est peut-être difficile d'imaginer qu'Amma connaît le cœur de chacun et nos désirs les plus profonds alors qu'elle a des millions d'enfants dans le monde entier. Mais elle montre sans cesse à chacun de nous qu'elle nous entend, qu'elle nous connaît au niveau le plus intime.

Amma a déclaré un jour : « Mes enfants pensent que je ne me souviens pas d'eux, mais chaque nuit Amma va embrasser chacun de ses enfants dans le monde et lui souhaite bonne nuit. »

On parle d'un âge d'or à venir. Je crois qu'avec la naissnce d'Amma sur cette terre, cet âge d'or est venu. La grâce qui est la nôtre, celle d'avoir Amma parmi nous, est incompréhensible. Nous cherchons tous le paradis sur terre. Je sais que j'ai trouvé le mien !

Dans toute la création,
Dans ce monde impur, est cachée
La béatitude de Ton Etre.
Mon cœur tremble d'espoir
A l'idée de contempler
Ta forme si précieuse.
Ce désir seul me fait vivre
Tandis que les jours passent, vides.

Les nuages d'illusion,
Quand se dissiperont-ils ?
Ta douce promesse me donne soif
De boire Ta forme.
L'esprit fixé sur Toi seul
Je me rends compte que je ne sais rien.
Qu'il est vain de chercher autre chose !

Que je touche une fois Tes pieds de lotus
Et je serai libre,
Je me noierai joyeusement
Dans l'océan de Ta compassion.

Glossaire

Adivasi : Les populations indigènes tribales du pays.

AIMS : Institut Amrita de Siences Médicales. L'hôpital aux multiples spécialités fondé par Amma à Cochin.

Amritapuri : L'ashram principal d'Amma au Kérala, en Inde.

Amritavarsham50 : Célébration de quatre jours pour la paix et l'harmonie qui s'est tenue à Cochin en 2003, à l'occasion du cinquantième anniversaire d'Amma.

Arati : Rituel qui consiste à décrire des cercles avec du camphre enflammé, en sonnant une cloche, à la fin de l'adoration. Ce rituel symbolise l'offrande complète de l'ego à Dieu.

Archana : Récitation des noms divins.

Arjuna : Célèbre prince et guerrier. Il est le disciple bien-aimé auquel Krishna prodigue son enseignement dans la Bhagavad Gita, un événement qui s'est déroulé environ trois mille ans avant Jésus Christ.

Ashram : Une communauté où vivent des gens qui pratiquent la discipline spirituelle. La demeure d'un saint.

Atman : Le Soi ou la Conscience suprême. Désigne à la fois l'âme suprême et l'âme individuelle.

Ayurveda : La médecine indienne traditionnelle.

Bhajans : Chants dévotionnels

Bhava : Etat divin d'identification à une divinité

Brahmachari : Un moine.

Brahmacharini : Une nonne.

Buttermilk : Boisson faite de yaourt et d'eau.

Chai : Thé indien, bouilli avec du lait.

Chatti : Cuvette en métal, rond, utilisée dans le travail de construction.

Darshan : Vision du divin ou rencontre avec un saint.

Devi : La Mère divine.

Dharma : Devoir, la responsabilité qui nous incombe.

Dhoti : Morceau de tissu que les hommes nouent autour de la taille.

Ego : Conscience limitée du moi qui s'identifie avec des attributs qui le limitent comme le corps ou le mental.

Gopis : Vachères qui vendaient leurs produits laitiers et vivaient à Vrindavan. Elles étaient les dévotes les plus proches de Krishna et sont connues pour leur dévotion inégalée.

Gunas : Qualités (Sattva, Rajas, Tamas). Les trois qualités de la matière ou de l'énergie qui constituent le monde phénoménal.

Guru : Un maître spirituel.

Gurudev : « Maître divin », un terme de respect employé généralement en sanscrit pour s'adresser au maître spirituel.

IAM : Technique intégrée de Méditation Amrita développée par Amma.

Japa : Répétition d'un mantra

Kalari : Le petit temple dans lequel Amma donnait au départ les Bhavas Darshans

Karma Yoga : La voie qui consiste à servir de manière désintéressée.

Karma : Action. Aussi les effets engendrés par cette action.

Krishna : La huitième incarnation du Seigneur Vishnou, dont les enseignements sont contenus dans la Bhagavad Gita.

Kurukshetra: Le champ de bataille où s'est déroulée la guerre du Mahabharata. C'est là que Krishna a donné l'enseignement de la Bhagavad Gita à Arjuna

Mahatma : Mot à mot : « Grande âme ». C'est un titre de respect hindou donné aux personnes spirituellement évoluées. Dans ce livre, Mahatma désigne un être réalisé.

Mala : Guirlande ou collier

Malayalam : La langue maternelle d'Amma, langue du Kérala.

Mantra : Un son sacré ou un groupe de syllabes sacrées qui a le pouvoir de transformer.

Maya : L'illusion cosmique

Om Amriteshwaryai Namaha : Mantra qui signifie : « Salutations à la déesse de l'Immortalité. »

Om Namah Shivaya : Mantra puissant qui possède plusieurs interprétations et signifie généralement : « Je me prosterne devant Cela qui est éternellement favorable. »

Pada puja : Cérémonie traditionnelle d'adoration qui consiste à laver les pieds du guru.

Panchakarma : Les cinq différentes techniques de purification utilisées dans le traitement ayurvédique.

Pappadam : Une galette croustillante et très fine, frite dans l'huile, très répandue et généralement servie avec du riz

Paramatman : L'âme suprême, Dieu.

Prasad : Une offrande bénie ou bien un cadeau venant d'une personne sainte ou d'un temple.

Puja : Rituel d'adoration.

Pujari : Prêtre d'un temple qui accomplit les rituels d'adoration.

Punyam : Mérite

Radha : Une des gopis. Elle était la plus proche de Krishna et incarne l'amour le plus pur et le plus sublime pour Dieu.

Rajas : Activité, passion ; une des trois qualités fondamentales de la nature qui déterminent les caractéristiques inhérentes à toutes les choses créées.

Rudraksha : Graine d'un arbre généralement cultivé au Népal connue pour ses vertus médicinales et spirituelles. Elle porte aussi le nom traditionnel de « larmes de Shiva »

Sadhana : Pratiques spirituelles qui mènent au but de la réalisation.

Samadhi : Unité avec Dieu. Un état transcendantal dans lequel on perd tout sentiment de son identité individuelle.

Sanatana Dharma : Littéralement : « la religion éternelle ». Le nom originel et traditionnel de l'Hindouisme.

Sankalpa : Une résolution.

Sannyas : Cérémonie où l'on fait vœu de renoncer au monde.

Sanskrit : La langue ancienne de l'Inde, dont on dit qu'elle est le langage des dieux.

Satsang : Le fait d'écouter un discours spirituel ou d'avoir une discussion spirituelle ; la compagnie des saints et des dévots.

Seva : Le service désintéressé.

Shraddha : Soin, attention, foi.

Swami : Moine qui a fait les vœux de célibat et de renoncement.

Swamini : Féminin de swami.

Tapas : Austérité, difficulté endurée dans le but de se purifier.

Tulasi : Le basilic sacré, une plante médicinale.

Tyagam : Abandonner ses attachements; renoncer.

Vairagya : Détachement.

Vasanas : Impressions résiduelles laissées par les objets connus et les actions faites dans le passé ; tendances latentes.

Védanta : Un système de philosophie fondé principalement sur les enseignements des Upanishads, de la Bhagavad Gita et des Brahmas sutras, qui traite de la nature du Soi

Vibhuti : Cendre sacrée, qu'Amma donne généralement comme prasad.

Vrindavan : L'endroit où Sri Krishna a vécu quand il n'était qu'un jeune garçon.

www.ingramcontent.com/pod-product-compliance
Lightning Source LLC
LaVergne TN
LVHW051732080426
835511LV00018B/3010

* 9 7 8 1 6 8 0 3 7 3 8 4 4 *